Herida limón y sal

Sara Leo

Primera edición: marzo 2019

Textos: © Sara Leo
Prólogo: © Luis García
Ilustraciones cubierta: ©Sandra Cumplido

ISBN: 978-84-17284-58-9
Depósito legal: M-3517-2019

muevetulengua.com

¿Sabes?
Un día todo dejará de escocer.
Y estaremos tú y yo aferrados a una herida ya curada.
Sonriéndonos.
Encendiendo esa luz.

Prólogo

Conocí a Sara por las redes, empezamos juntos la misma aventura en la cual seguimos. Desde la primera vez que leí una frase suya supe que llegaría lejos. En su primer libro, *Iridiscencia*, que intercambié con ella con mi primer libro, ya se notaba que eso solo acababa de empezar. Y así ha sido. Sabe como nadie «acariciar los miedos después del huracán».

Leerla es como sumergirte en un bálsamo de luz sin darte cuenta. La dulzura con la que trata al verso es preciosa. La suavidad a la hora de describir cualquier situación hace que quien lee el poema no tenga más remedio que sentir que algo le toca por dentro. Y la poesía, básicamente, es eso.

Ella dice: «Cuento las sonrisas que me debo y me faltan dedos. No es miedo a quererme, más bien es a saber cómo hacerlo». Y si algo te queda claro leyendo a Sara, es que por encima de todo nos tenemos que querer a nosotros mismos, sin ningún complejo, libres de todo.

Aquí, en este libro, vas a encontrar un montón de llaves para abrir la habitación donde se esconden las curas para tus heridas, vas a volar mientras lo lees. Ya lo dice ella en la portada: HERIDA, LIMÓN Y SAL. No te preocupes si tu estómago se mueve cuando tengas estas letras entre las manos, volverá a su sitio, solo que le apetecerá bailar un rato. Uno de sus versos no lo podría describir mejor: «Esta casa se ha vuelto ese mapa perfecto donde perdernos».

Así que no lo dudes, piérdete con ella y verás de qué manera tan bonita sonreirás cuando termines.

Luis Garcia
@luisgarciaph

Introducción

Somos huellas ancladas en la arena que marcan el paso del tiempo.
Mientras la vida nos mira desordenándonos los esquemas.
O alza el vuelo sobrevolando nuestras cabezas.
Apuntándonos con su imperfección.
Ajena yo sigo escribiendo.
Para tocarte el alma con los dedos.
Para abrazar la libertad.
Para sentirme menos sola cuando aprieta la angustia de la soledad.
Es en los tejemanejes del insomnio.
Frente a los ojos de la luna.
Cuando esa vida se derrama en un papel.
Con las luces de fondo, escenario de una ciudad que apesta a ruinas.

Cuando todos duermen, excepto tú.
Cuando todos sueñan, excepto tú.
Cuando todo se queda a oscuras.

A mí se me enciende la luz.

Y TODA LA POESÍA

Y me pregunto qué es el olvido si estás presente en cada golpe de viento.
Si tu ausencia mancha todo de gris.
Si es invierno en mis dedos si no te tocan.
Es mirarte y sentir dentro el vuelo
de una mariposa.
Escuchar tu nombre y que todas las sirenas suenen en forma de latidos.
Es rozarte y que la piel traspase mundos.
Vivirte y querer morir sobre ti.
La única certeza aquí es que tus labios hacen juego con mi boca.
Que apareces y te llevas la desgana.
Y sacas de tus bolsillos un montón de sonrisas para mí.
Que la velocidad de tus parpadeos marca el ritmo de mis piernas.
Que perderme en tus caderas es mejor que dejar que me encuentres.
Que no hay hueco en el sofá
que no te busque.
Ni café que no me recuerde
a ti cada mañana.
Que si no estás, el todo
se reduce a la nada.
Que estoy más guapa
contigo del brazo.

Y más aún si me sacas a bailar.
Hay sueños fugaces, pero tú eres eterno.
Ahora mis miedos forman parte del viento
y el resto de mi vida lo ocupas tú.
Nos mira el cielo que con recelo envidia la poesía que sale de nuestros dedos.
Aplaudo tu inocencia, me besas la nostalgia y sale el sol.
Quererte es abrazar a la felicidad.
Acariciar al futuro.
Abrirle la puerta a la primavera.
Lo único que quiero es ponerles besos a todos tus
[interrogantes.
Echar el freno a tus dudas.
Y que no tengas miedo.
Somos del viento y entre los dedos aún nos quedan inviernos por escribir.
Y toda la poesía.

Qué sabes de mí

Podría contarte que fueron tus ojos remanso con sabor a felicidad.
Que caminar de tu mano es hacerle frente a cualquier golpe de viento en la cara.
Hacer reír a la tristeza.
Que pasear por las calles de tu cuerpo es hacer las paces con el invierno.
Superar cualquier fin de mes o todas las cuestas del frío que escuece en enero.
Podría definir como poesía cada una de tus caricias porque también curan.
Retomar los silencios que dejamos a medias en aquella parada de metro cuando en mitad de un abrazo nos miraba Madrid.
Que sé de ti lo que sabe una flor de la primavera.
Lo que sabe el salitre del mar de la herida al rozarla.
Lo que saben las nubes del cielo en su momento más gris.
¿Y tú?
¿Qué sabes de mí?

Silencio y recuerdos

No quedan estrellas en el cielo.
No existe el sol.
Cuando todo se cubre de reproches solo veo al amor suicidarse desde el piso más alto.
Ya no somos incendio.
Ni siquiera simulacro.
Y aun así, nos sigue quemando.
No quedan ni las cenizas.
Ni siquiera las ruinas.
Ahora todo se tiñe de silencio y recuerdos que arañan más allá de la piel.

Junio

La belleza cuando se besa el cielo con el mar.
Y lo verde dibuja laderas cubiertas de vida.
Las flores se abrazan entre sí dando lugar a la primavera.
Ponemos los miedos en fila a los pies del acantilado más grande.
Ya solo queda esperar a que salten.
Y ver cómo las calles se visten de junio.
Y el corazón se nos sale del pecho en cada latido, impregnando de luz cada rincón de la ciudad.

Nosotros

Nadie sabe qué viene después de esa curva.
Después de tu pregunta.
Después de su silencio.
Sigo escuchando el tictac de mis latidos.
El goteo de la lluvia sobre el cristal.
Y parece que el único sonido que salva es el de una respuesta a tiempo.
Hay pulmones que piden auxilio a gritos.
Abrazos con el cartel de «Se busca».
Nostalgia en cada abrir y cerrar de ojos.
Y es en el momento en que te mira cuando vislumbras el paisaje que esconde esa curva.
Cuando sus ojos son respuesta a cualquier pregunta.
Y tu sonrisa se revuelve en el sofá.
Y la felicidad deja de ser solo un conjunto de letras.
Existe para dejar el pasado guardado en un frasco.
Para cicatrizar mi presente.
Para darle al futuro el pronombre nosotros.

Presentación a la vida

Por si un día amanece todo cubierto de gris.
Por si el vértigo se decanta por el precipicio y entre tanta altura nos volvemos a sentir pequeños.
Que el único lenguaje que exista sea el de las sonrisas.
Así, como carta de presentación a la vida.

Cajón desastre

Me quedé a las puertas de tu boca.
La miel en los labios siempre deja un regusto amargo
una vez que te la quitan.
Y es que al irte te llevaste mi sonrisa.
Mis «te quiero».
Y lo claro de todos mis días.
Ahora el cielo no es más que un montón de nubes
llorando.
Y tú, una herida más que sumar a mi colección de
desastres.

Mírate, míranos

Míranos desnudos piel con piel.
Dos cuadros abstractos de un museo.
Dos «te echo de menos».
Es mirarte como si fueras
mi obra de arte favorita.
Si fueras puzle, serías la pieza que
encaja en mi rutina.
Que nada tiene sentido si no ocupas mis costillas cada noche.
Y cada vez que me miras
pierdo el miedo en el camino.
Por eso te escribo.
Porque haces una fiesta de mi tristeza.
Porque cada vez que me tocas mis sentidos dan una vuelta de campana.
Y yo solo quiero observar
cómo bailan tus pestañas.
Ser el aire que exhalas
en forma de suspiro.
Tu desastre más dulce.
Colgarme de tu ombligo
y trepar hasta tu pecho.
Sacarle brillo a tu boca.
Todos los espejos sueñan
con ser tu reflejo.
Y yo solo quiero pintarte en el cielo
un «te quiero» gigante.

Junio nos tiene algo pendiente

Arrecia junio y parece que ha vuelto el invierno.
La lluvia suicida golpea el cristal de mis gafas y empaña la vida.
Quisiera fijar la mirada en el mar y perderme.
Que la sal salpique mi piel hasta escocer.
Que la arena dibuje castillos en los que sentirme tu princesa.
Imaginarnos sentados aquí, entre las rocas, besándonos los miedos.
Arrecia junio, amaina el temporal y sigo esperando en la orilla ese abrazo por la espalda que siempre nos quedó pendiente.

El refugio de tus brazos

Volaremos cometas en el parque.
Y con el viento se disiparán las dudas.
La tormenta dejará de ser un suplicio cuando bailemos bajo ella.
Y una vez salga el sol intercambiaremos sonrisas cualquier tarde de verano.
Puedo ver el reflejo de tus ojos impactando sobre mí.
Mirarte a escondidas.
Saberte ahí, con solo ver de reojo como tu mano se acerca lentamente a la mía.
Que vengas aquí y al caer la noche me abrigues entre tus brazos y que allí, siempre, sea invierno.

Prioridades

Estoy dispuesta a todo, menos a olvidarte.

As de corazones

La vida también es llegar a destiempo.
Ver caer a la tristeza por un precipicio.
Acariciarle a la nostalgia la mejilla.
Darle al *play* a la esperanza.
Destensar la cuerda de la envidia.
La fidelidad de un «te quiero».
La seguridad del que mira a los ojos al hablar.
Pero somos nosotros también.
Impactando contra cualquier quitamiedos de la carretera con destino al amor.
Subiéndonos al tren en marcha, compartiendo vagón con la alegría.
Las vueltas que le damos a la vida en una cama cuando el amor se cuela en nuestra habitación.
Somos tú y yo y ese afán por curarnos las heridas con urgencia.
Esas ganas de todo si es contigo.
Ese juego de cartas en el que nosotros somos la baraja y todas las cartas son el as de nuestros corazones.

Olvido

Se te ha llenado de arrugas la piel
y de huesos todos los rincones.
Es la vida la que atropella.
Y como escuece ese atisbo de sonrisa que se queda a mitad de camino.
El olvido arraigado a ti,
la memoria huyendo.
Como si de repente te convirtieras otra vez en un niño que ya no recuerda ni su nombre.

Culpable

Yo no sé de pájaros, no conozco la historia del fuego.
Pero creo que mi soledad debería tener alas.
Pizarnik

No serás tú la calma de esta mañana que todavía permanece a oscuras.
La que respeta el silencio, que solo rompe el sonido de algún que otro coche, colándose por la ventana.
Te miro y puedo verme.
Estamos aquí, intercambiando insomnios en el sofá.
Al igual que dos niños cambian cromos en el banco de un parque.
Siento como el minutero nos apunta con las balas del tiempo.
En su lentitud transcurren nuestros pestañeos.
Nuestros párpados caídos en busca de nada.
Fijamos las retinas en un punto que no deja de seguirnos y no pone fin a esta noche.
No serás tú la mejor compañía cuando se cuela el desvelo en las pestañas.
Y las luces encienden la ciudad.
Pero tú te apagas.
No serás tú, soledad, la que siempre se queda.
La culpable de que, en parte, nunca, estemos solos.

Eres ese cielo

El cielo ha cubierto todo de niebla.
Te abres paso entremedias y tus ojos traen el verano en tus pestañas.

No es sol.
Es luz lo que sale de ellos.

Te miro y se me pinta una sonrisa.
Una lágrima se escurre por mi mejilla.
Y esta vez no es de tristeza.

El amor ya no escuece.
Acaricia.

Y ES QUE ENCIENDES LA LUZ CON TUS OJOS

Te miro y se me sale el corazón.
Y es que abrazarte es la forma más bonita de acabar con la soledad.
Te veo llegar como lo hace un huracán,
de repente y poniendo todo patas arriba.
Te revuelves sobre mí dando rienda suelta a la poesía que traes en tu boca.
Es el mundo el que me toca a través de tus manos.
Me pierdo en tus párpados,
sonríes y es ahí donde quiero quedarme.
El miedo se quita la ropa,
pero nosotros ya estamos desnudos.
Alcanzo de puntillas a abrazar tu libertad y llamo hogar a tus brazos.
Me gusta sentirme libre de tu mano.
Como el pájaro que sobrevuela nuestras cabezas sin temor.
Me quedaría mirándote hasta el próximo verano sin importarme el frío.
Y es que enciendes la luz con tus ojos.
Ahora dime a qué has venido.
Yo estoy dispuesta a perderme contigo y encontrar en tu ombligo el centro de mi mundo.

Tú puedes dibujar el amor en mi espalda
y que cada mañana nos despierte
la alarma de la felicidad.

El mundo se viene abajo

Ten paciencia conmigo.
Porque el mundo es así y vengo herido.
Ten paciencia conmigo.
Luis García Montero

Corres riesgo de impaciencia si empiezas la casa por el tejado.
Si te crees gato por haber sobrevivido a varias caídas.
Saberte vivo es el primer signo de supervivencia.
Pero hay heridas invisibles a los ojos.
Puedes mirarte en ese espejo y verás reflejada tu impotencia cuando cojas la tristeza entre tus manos y se te resbale.
Cuando salgas ahí fuera y todas tus esperanzas se escurran calle abajo.
Cuando golpeen los miedos en la puerta de tu casa y abras sin contestar.

Corres riesgo de imprudencia si aparentas fortaleza y llevas escrita en la frente la palabra *fragilidad*.
Quien necesita ver lo que no es en un mundo en el que el cincuenta por ciento de las personas están rotas y el otro cincuenta se dedica a rompernos.
Viajamos en un tren llamado rutina cuando la vida comparte contigo vagón, dispuesta a joderte el viaje.
Quien quiere aparentar lo que no es enmascarando la realidad con palabras absurdas.

Tiras los dados porque te toca y no porque quieras seguir jugando.
El viento sigue moviendo las plantas de tu balcón.
El cielo a veces llora.
La luz no sirve de nada si no se focaliza en miradas.
Si ya no nos buscamos entre la multitud.
Si ya nada.
Si ya todo.

Se acaba.

Si ya solo somos un conjunto de lobos paseando en solitario sin rumbo ni dirección.
Si el amor desmerece la pena en un mundo que sigue mirando hacia otro lado.

Mi suerte

En mi suerte la certeza de que siempre estás tú.

Cuestión de talla

Qué más da si la vida es tres tallas más grande.
Si tanto amor se nos queda pequeño.
Si no nos caben más besos en los labios, tendremos que inventarlos.
Y que llegue julio con ropa de verano y caricias tumbados al sol.
Que si se frena la suerte, yo me quedo en tu abrazo.
Y en el último recoveco de esperanza me sentaría a esperarte cada vez que no estés.
Mientras el sol les pone color a cada una de mis
[sonrisas.

Hablemos de ella

Podría hablarte de ella diciendo que son esas manos que al tocarnos traspasan la piel.
Un idioma extranjero para el que no siente.
Unas pupilas que se fijan en ti más de la cuenta.
Habla de más para aquellos que necesitan que algo no termine.
Para aquellos que tienen mucho que contar.
Para todos los dispuestos a escuchar.
Podría decir sobre ella que besa donde muchos no consiguieron llegar.
Que roza los sueños.
Que incluso los hace realidad.
Decirte que ella es huella que queda perenne.
Que siempre tiene la última palabra.
Que es enemiga de la vergüenza.
Que siempre conduce en dirección opuesta al miedo.
Porque no lo tiene.
Ella es la reina cuando se posa entre tus dedos como una mariposa.
Y se deja llevar.

La poesía es contar tu verdad desde el alma y que su pisada deje esa huella perenne en el tiempo.
Pero, sobre todo, en ti.

El arte de escribir

Hay palabras que tocan mucho mejor que unas manos.

Motivos

Todos somos motivo
de la sonrisa de alguien.
Cuando dos corazones se apuntan
ya solo queda esconder la coraza y dispararse.
Que dos cuerpos se enfrenten al invierno porque si sumas dos pieles se resta el frío.
Como dos niños jugando a explorar cuánto amor cabe en el pecho.
Y entonces le desabrochas al miedo el cinturón para que salte por los aires.
Y apuestas todo a una carta con sus ojos como [destinatario.
Y te ves ahí, almacenando ilusión en los bolsillos mientras juegas a sentir.
Y unos brazos abren sus puertas y una herida se cierra.
Dos sonrisas se besan en medio del parque y al fondo la primavera
nos hace el amor.
Ahora soy yo tu motivo y tú mi sonrisa preferida.

Cuando el amor se va

Cuando el amor apuñala por la espalda quedamos
[nosotros.
Y los restos de lo que fuimos.
Derramamos lágrimas como culpando a quien intenta
secarlas.
Y las ganas se esparcen por el suelo hasta que alguien
las acaba pisando.
Cuando el desamor apuñala no quedan más que unos
cuantos recuerdos
y la felicidad arrugada en un cajón.

Si tú quieres, yo disparo

Si me miras así voy a tener que quererte de más.
Y sabrás lo que acaricia la felicidad en una piel fiel
y lo que escuece una herida abierta.
Parece que hacen juego nuestras sonrisas.
Que tu risa dulce se entiende con mi voz temblorosa.
Que uno más uno son dos cicatrices que están a punto de curar.
Y si me dejas, voy a empapar de ilusión todas las paredes de tu cuarto.
A llenar los pasillos de sonrisas.
Y todas las fotografías serán recuerdos grabados en nuestras retinas.
Que mi causa serás tú y yo el efecto de esa mariposa
que ahora corre dentro de ti.
En la ruleta del vivir todas mis balas te están apuntando.
Si quieres disparo.
Solo tienes que pedírmelo.

Tu brillo

El sol se ha colado sin permiso por mi ventana.
Y yo me pregunto si la felicidad es hacer dibujos en tu espalda
mientras los rayos se reflejan en nuestra piel.
Puede que no sea oro todo lo que reluce, pero tú brillas más de la cuenta.
Y qué sé yo del miedo o qué sabes tú del invierno
si al mirarnos nos brota la primavera de los ojos.
Si el infinito existe para demostrar que un «te quiero» puede no tener fin.
Si existe el cariño como cura a esa enfermedad llamada tristeza.
Si la soledad se fragmenta y nos quedamos solo con el sol.
Ese que entraba por nuestra ventana.
Y que de cada dibujo en tu espalda nazca una flor.
Que no eres estrella, pero te asemejas.
Que tú eres la inspiración y lo nuestro el poema.
Si levantas la cabeza, verás que sigo ahí.
Alimentándome de la vida que traes en tu mirada.
Esa que ahora mismo es de los dos.

Mientras te miro

Voy a hacer un pacto con tu piel.
A escribirte en la espalda mi nombre.
Y a que todas las flores me hablen de ti.
Tú eras un campo de minas y yo solo quería que me explotara tu risa en la cara.
Jugar como niños a escondernos
del miedo.
Quedarme dormida mientras te miro.

Sin miedo a las alturas

Después de la tormenta llegas tú con tu risa que es calma.
Y le cedes el paso al amor.
Lo has conseguido.
Que columpiándome en tus labios no tenga miedo a la caída.
Que no tiemble al desabrocharle a mi coraza los [botones.
Porque tú y yo estamos hechos
de esperanza.
Y quien esté libre de miedos
que dé el primer beso.
Que no sabes lo que abraza un cuerpo indefenso acostumbrado al dolor.
Ni lo que salva.
Todavía recuerdo tus manos saliendo a flote de mis [heridas.
Cómo hacen pie tus dedos en mi piel.
Cuando haces de mi espalda una lanzadera de caricias.
O un parque de atracciones de
mis piernas.
Y no nos dan miedo las alturas porque el amor nos convirtió en gigantes.
Yo me quedo en la dictadura de
tu cintura.

En la cárcel de tus labios con sabor
a libertad.
En saberte pájaro sobrevolando
mis heridas.
Para mí la guerra terminó cuando firmamos la paz con
nuestros labios.
Cuando le dimos la espalda al miedo
y la mano a la felicidad.

Piedras

Que cada piedra en el camino no
es más que otra herida de más que
acabará curada.

Yo espero

Si quieres nos tropezamos y lo llamamos destino.
Elvira Sastre

A mí si me dan una de cal, doy dos de besos.
Nunca me gustó el invierno, pero cómo abrigan unos brazos si llegan a tiempo.
No quiero reproches si no es un abrazo lo que se está reclamando.
Si me preguntan que es para mí la esperanza,
diré que mirarte a la cara.
Y el amor un crucigrama de difícil resolución.
Verás, hay sueños durmiendo a una gran altura.
Al igual que miedos a tu mismo nivel.
Solo es cuestión de equilibrarnos.
He roto demasiados platos a lo largo de mi vida.
Romper el silencio es lo mejor que pude hacer.
Todo sigue su curso y aquí el verano nos marca la luz a seguir.
Yo sigo esperando.
Que las nubes te den paso.
Y que me claves tus rayos hasta dejar ciega a la [melancolía.
Hasta que las sonrisas abran paso a cualquier utopía
y esta se convierta en realidad.
Que yo espero.
Ese abrazo a tiempo que salva.

Ese baile de ilusiones sin máscaras.
Ese pedirte como deseo a las velas de todos mis cumpleaños.
Y que te cumplas.

Yo espero.

Cuando pasen los años

Dejaremos que se cuele el sol por el tragaluz.
Que nuestros sueños bailen en la cornisa de la ventana
como queriendo alcanzar el cielo.
Nos reinventaremos el lenguaje de los besos
y en braille nos leeremos una a una las caricias.
Una noche cualquiera disfrazaremos a la pena de alegría.
Saboreándonos la felicidad que se escurre por nuestros labios.
Y con las manos temblorosas tocaré tu piel.
Y cuando el tiempo nos cure los daños.
Cuando se arruguen nuestras cicatrices.
Todas las heridas se habrán curado.

Y tú y yo seguiremos de la mano.
Acurrucados entre los pliegues de una vida que habrá madurado a la vez que nosotros.

Y teñidos de blanco veremos como el tiempo nos adelanta a la velocidad de un pestañeo.
Miraremos a los ojos a esos sueños ya cumplidos.
Moriremos con una sonrisa en los labios.
Y con la ilusión entre los dedos.

Sonará de fondo nuestra canción
y volveremos a enamorarnos como si todo acabase de empezar.

De repente tú

Y de repente tú.
Con billete sin huida.
Con la felicidad esparcida por tu mochila.
Y las manos rebosantes de sueños.
Tú, con un ramo de besos los 14 de cualquier mes.
Y el corazón encogido para no presumir de lo grande que es.
Tú y tu camisa de fuerza contra la tristeza.
Y tus labios diciendo que no a la nostalgia.
Y tus ojos llenando de luz mi jardín.
Se te escapa una flor de la mano y sé que es para mí.
Mientras gritas que no puedes ser más feliz.
Yo me dejo querer con cuentagotas para saborearte [mejor.
Y entiendo que la poesía somos los dos haciéndonos cosquillas en mitad de una tormenta.
El amor a tu lado es el papel secundario de una obra de teatro.
Aquí lo real somos nosotros conjugados en presente.
Y el futuro una bala que no deja de apuntarnos.
En algún recoveco de nuestro cuerpo se esconde ese niño que dejó de crecer.
Y es ahí donde reside la ilusión por cogernos las manos.
Por tirarnos al suelo y dejar que el disparo nos atraviese.

Haces poesía

Mirarte es ver a la felicidad
abriéndome los brazos.
Caminas y es el mundo el que gira alrededor de tus caderas.
Sonríes y paras la vida.
Guardas en tus manos un arsenal de caricias con las que brindar.
Eres todos los motivos para que el miedo se quede a mitad de camino.
Y encuentre mi destino en tu columna vertebral.
Siempre te encuentro recogiendo del suelo a mi tristeza.
Y haciendo poemas con mi nostalgia.
Hoy hay bis a bis con tu sonrisa.
En la cárcel de los recuerdos
aún quedas tú.
Sujetándote a mi vida.
Haciendo poesía con tus ojos.

Podríamos serlo todo

Mirar es una cosa.
Que me mires tú es otro verbo diferente.
Marwan

Podríamos ser una ventana abierta a la ilusión.
Una fila de emociones en la que ser el último no nos haga perder.
Cazadores de sueños.
De estrellas fugaces que se comprometan a cumplirnos los deseos.
Podríamos ser el remanso de paz que deja la tormenta.
Una explosión de caricias.
Una onda expansiva que impregne todo de amor.
Podemos ser unos ojos que brillen más que el propio sol.
Unas manos que den vida a la piel.
Unos brazos a los que llamar casa.
Entre toda la maraña de miedos podemos ser la tijera que corte los hilos.

Podríamos desordenarnos las dudas.
Destrozar las vidas perdidas.
Los sueños rotos.
Las salidas que no sean de emergencia.

O ser tú y yo.
Abrazándonos fuerte al presente.
Soltándole la mano a la soledad.

Levántate y anda

No es imposible.
Tan solo es falta de perspectiva.
Luis Ramiro

Ojalá la rebelión se transforme en esperanza.
Y las calles se llenen de sonrisas cruzándose en las
[aceras.
Que nos atraquen a mano armada de caricias más a menudo.
Que lo llamemos accidente.
O casualidad.
Pero que nos crucemos sin más y el amor nos golpee en el pecho.
Que al mirarnos renazca la palabra *felicidad* y se evaporen los miedos.
Que el vaho del espejo deje entrever la silueta de dos corazones latiendo.
Que podríamos ser tú y yo, sonriéndonos.
Aferrados a la vida en el minuto de descuento.

El cielo va mucho después.
Lo primero sería creer que la piel sana.
Y que las manos salvan.
Y que la fe es la esperanza a la que aferrarnos en un mundo falto de luz.
Somos propensos a heridas si nos pisan
[constantemente.

Y de caer pocos hablan.

Pero ¿y qué?
Si el dolor existe para curarnos.

Levántate y sigue andando.

Qué ganas tenía de verte

Me he topado contigo al doblar la esquina.
En realidad, nos llevamos cruzando toda la vida.
Tú ibas. Yo venía. Y viceversa.
Y es que el tamaño de tus brazos es proporcional al de mi cuerpo.
Acaricio tu mano y con tu recuerdo entre mis dedos espero que vuelvas de nuevo.
Si es cuestión de abrazarnos, no vamos a soltarnos.
Han nacido sonrisas de nuestra piel.
Llegarán nuevos destinos por las autopistas más largas.
Los días serán cuestas sin freno.
Y el cielo, tú.
Cuando llegues y enciendas con tus ojos las estrellas.

Después sonará de fondo el silbido de un grupo de pájaros que vuelan a la altura de la libertad.
Y verás el horizonte pintado de rojo al caer el sol.
Llegarás con las manos manchadas de vida
y esos brazos acordes a mí.

Porque fue.
Es.
Y será tu nombre el eco más bonito que suena en esta ciudad.

Felicidad.

A CENTÍMENTROS DE TI

Y es que siempre estás tú, por encima
de cualquier expectativa.
Rompiendo mis esquemas con tu boca.
Eres la curva más arriesgada
y peligrosa.
Llenas de vida las esquinas.
Me haces frenar para esperarte
en cada «te echo de menos».
Girar el volante hacia tus sueños
y saberme en ellos junto a ti.
Quiero vivir despeinada en tu risa.
Que nos envidie la felicidad.
Que nos describa la poesía.
Lo supe desde ese beso en el coche.
Desde tu mano sobre la mía.
Y en cada silencio de complicidad.
Y es que sigo aquí.
A escasos centímetros de tu sonrisa.
Y se me llena la boca de te quieros.

Esperanza

Nunca quiero que te vayas y no quiero que te vayas nunca.
Diego Ojeda

Miro al cielo y veo como las nubes
dibujan corazones.
Luego sonríes y se me olvidan
los miedos.
Y todas las dudas
se escurren por mi piel
hasta llegar al suelo.

Al fin y al cabo, te quiero.
Porque la altura si es cogida a tu mano,
no es vértigo.
Y si camino a tu lado,
nos siento capaces de todo.

Míranos.
El sol en los ojos nos ciega.
Pero ilumina.
Y tú y yo somos dos velas prendidas,
que lejos de apagarse
no dejan de brillar.

Que nos sientan en otros planetas

Cuando la tormenta se vuelva azul.
O las rosas rojas manchen todo de colores.
Cuando se extienda tu corazón por mi jardín.
Y broten de tus ojos estaciones.

No importará que sea verano.
O que vuelva el frío.

Porque si llega el invierno,
me haré un abrigo
con tu sonrisa.
Y cogidos de la mano
le aullaremos a la luna.
Bailaremos al ritmo
de cualquier constelación.
Y apuntando a las estrellas
nos querremos tan fuerte
que se erizaran las pieles
de todas las vidas
que existan en otros planetas.

Tú y yo somos las piezas
de cualquier rompecabezas.
Y lejos de rompernos,
esta vez,
el amor
nos mantendrá vivos.

A GOLPE DE SONRISA

Las distancias se hacen infinitamente cortas si llegas a golpe de sonrisa a revolverme la vida.

ESTRELLAS FUGACES

Jugábamos a adivinar los dibujos
que nos pintábamos en la espalda.
Éramos dos puntos seguidos
en mitad del horizonte.
Dos siluetas bailándole al sol.
Nos pisamos los pies
al son de nuestra risa.
Como si nada importase a nuestro alrededor.
Jugábamos a sumar caricias
cara a la pared mientras dejábamos
que todos nuestros miedos se escondieran.
Adornamos con abrazos un paisaje
lleno de vida.
Y con las manos temblorosas
nos prestábamos la piel.
Fui fiel a todos los besos que salían
de tu boca y me apuntaban.
El cielo nos miraba sin querer, envidiando cada una de nuestras sonrisas.
Nosotros seguíamos brillando en medio de tanta oscuridad como queriendo alcanzar ese cielo.
Reteniendo las estelas de luz
en nuestros ojos.
Haciendo eterno lo fugaz en esa milésima de segundo
en que se cruza una estrella
y nos cumplimos como el mejor de los deseos.

Ya no dueles

Ya no vislumbro tu nombre
en el vaho de mi memoria.
Ni tu silueta en el pasillo.
Ya no exhalo suspiros.
Ni siento tu nudo en mi garganta.
Ya no hay tristeza sin tus cosquillas.
Ni oscuridad si no me miras.
Ya no amarga la ciudad, ni se columpia tu recuerdo en el parque.
Ya nadie arranca flores en tu nombre ni pacta con las ganas de abrazarte.
Hoy llueve y no duele.
Ahora contemplo caer
toda esa tristeza y al fin sonrío.

La vida

Y que toda la nostalgia cabalga
en la distancia que hay
entre dos cuerpos.
Y luego están las sonrisas
que no siempre soplan a tu favor.
Y el invierno a destiempo,
doliendo en pleno agosto.
Un diluvio de recuerdos
que se esconden en cada
abrir y cerrar de ojos.
Y la luz al final de ese túnel
resultan ser unos ojos
que miran más allá de tu piel.
Unas manos que pierden
un minuto de su vida
en acariciar la tuya.
Y todos los motivos dan la cara
a favor de su nombre.
Y dejas de ser viandante
en aquella estación
donde nunca llegaste
a tiempo a ese tren.
Y tal vez se queden a oscuras las calles
y el silencio se vuelva un grito de dos.
Y quizás en eso consista la vida.
En perder trenes.

En llegar a destiempo.
En romper los silencios a golpe de mirada.
Hasta que alguien
te tienda una mano
que no vaya al cuello.

Y así, nos salvemos.

Madrid (sin ti)

357 km es la distancia
que separa tu piel de la mía.
Llora Madrid.
Y en el cielo cientos de nubes
dibujan tu recuerdo.
La primavera parece esconderse
detrás de los árboles del Retiro.
Gran Vía busca incesante tus ojos
entre toda la multitud.
Tiembla el cielo,
escondiéndose cada rayo de sol
y a la vez de esperanza.
Y te echo de menos.
Junio amenaza tormenta.
Y la ciudad se me queda pequeña.
Contigo en la distancia se hace cuesta arriba el frío.
Y he venido sin abrigo.
Los charcos reflejan
la silueta de mis manos vacías
y busco en los bolsillos
alguna de tus sonrisas
para llevármela a la boca.

357 km separan mi tristeza de tu risa.
Y yo no dejo de escribir por si en una de esas,
al levantar la cabeza,
me topo con tus ojos.

Algún día

Algún día las sonrisas
gobernarán el mundo.
Los corazones latirán descontrolados
y será por amor.
Pondremos en venta a la nostalgia.
Castigaremos en un rincón
a la melancolía.
Y apostaremos todo a la esperanza.
Cuando los miedos nos lleguen al cuello
en vez de naufragar remaremos.
Y con los ojos abiertos miraremos al sol.
Los sentimientos encontrarán la salida
en ese laberinto de emociones.
Traficaremos con sueños.
Derrocharemos felicidad por cada
poro de la piel.
Le daremos la espalda a la rutina.
Nos verán gritando pretextos
y no excusas.
Abriéndole los brazos a la libertad.
Algún día será nuestra risa
la que mande en el mundo.
Porque hemos venido a hacer el amor.
Y las paces con nosotros mismos.

Bajo la luna y tu luz

Por si en un descuido volvieses.
Podríamos matar a besos el invierno.
Bebernos la vida en cualquier bar
hasta dar por cerrada la noche.
Y abrirle las piernas a la luna
hasta que se canse de brillar.
En la oscuridad
nos refugiaríamos del miedo.
Anidarías de nuevo en mi pelo
mientras me tumbo en tu ombligo
y nos veo a través de tus ojos, impacientes por
querernos.
Acunaría tu tristeza entre mis brazos hasta que broten
poemas.

Piénsalo.

En realidad, podríamos matar a besos cualquier
estación del año.

Polvo y sueños

Vienes a mí con tus ojos sonrisa.
Acercas tus manos a mi piel
y antes de hacerlo
ya siento el fuego.
Luego van y vienen los besos
como alto a ese fuego,
pero qué bueno es a veces quemarse.
Se apaga la luz
y esta vez no tengo miedo a la oscuridad.
Ni a la tormenta
que fuera golpea las calles.
La noche aquí dentro se cubre
de polvo y de sueños.

Sus ojos

Me miró
y sentí una de las puñaladas más fuertes.
Pero esta vez
no fue en la espalda, sino en el pecho.

Imposible

Había demasiado cielo en sus ojos
como para dejar de mirarlo.

Si quieres

Puedes acompañarme si quieres.
Y entre líneas leernos las pieles.
Así,
como si fuese yo tu destino
y tú,
mi golpe de suerte.

He salido ganando

¿A qué esperas a soltar un «te quiero»?
¿Cuánta tristeza acumulas en un cajón?
¿Quién fue el motivo de aquella sonrisa?
Dime si has puesto los pies al borde de algún precipicio.
Si te has dejado llevar por la marea y a punto de naufragar has remado hasta la orilla.
Si has tocado el filo de la navaja apostando todo a un corazón.
Si en el último rincón
aún queda algo de esperanza.
Si has caminado de puntillas por no molestar.
Hoy me he acordado de mí.
De todas las veces que me he desquerido.
De todos los sueños que eché a perder.
Mírame, entre recuerdos subsisto.
Y todas las piedras en mi camino no son más que otro aprendizaje.
Yo también he besado a más de una rana antes de sentirme su princesa.
También he guardado tristeza detrás de mi coraza.
Pero sigo aquí.
Y aunque todas las balas me estén apuntando no he perdido en el camino ni una sola sonrisa.

Proposiciones

Te propongo que te cojas a mi vida.
Que te subas a mi cuello y abraces fuertemente mis sonrisas.
Será verano en nuestra habitación cuando los rayos del sol nos desayunen cada mañana.
Les daré los buenos días a tus curvas.
Seremos equilibristas en un mundo de conformistas.
Dejaremos que el frío nos pervierta.
Que el invierno se cuele bajo nuestra ropa y nos haga cosquillas.
Que la poesía nos escriba en la piel.

Me sobra todo lo demás

Ha vuelto el sol.
Y las flores cobran vida.
Los girasoles ríen
y los pájaros no dejan de cantar.
Han llamado sonrisa a tu calle
y mi boca está esperando en tu portal.
A que bajes y dejes las dudas
en la cornisa de la ventana.
El verano está esperando
a la vuelta de la esquina
y nos observa de reojo.
Estamos aquí,
uno enfrente del otro,
y a mí me sobra todo,
menos tú.

El vuelo

Entre toda esa niebla.
A pesar de las nubes.
Del viento.
De todos los rotos.
Estaban ahí,
tus ojos.
Abriéndose paso en mitad de la tormenta.

Fue sencillo alzar el vuelo
sabiéndote ahí,
conmigo.

Postales

A veces la vida es un tren de recuerdos que no deja de pasarte por encima.
Un sinfín de caricias desordenadas
por tu espalda.
O la banda sonora de tu nostalgia.
Pero sucede que a veces esa vida le abre un expediente a tu tristeza.
Le pone pilas a tu desgana.
Abre las ventanas para que entre la luz.
Alguien eriza tu piel.
Y es verano en las comisuras de tu sonrisa.
La felicidad se instaura en tus mejillas sonrojadas.
Las tormentas recogen en brazos al sol.
Porque llegas tú con una revolución entre los dedos.
Y pintas incendios en mi piel como si fuese un lienzo.
Somos el fuego que arrasa con el miedo.
Que quema por dentro y a la vez da calor si el invierno se empeña en quedarse.
Parece que es de noche en nuestros cuerpos y hay barra libre de besos.
Existen billetes de ida sin regreso.
Hoy recibí una postal a nombre de la felicidad.
Y resulta que en el reverso llevaba tu dirección.

Tú como libertad

Cuando no estoy contigo, nos echo de menos a los dos.
Benjamín Prado

Hay abrazos que saben a paz.
En pleno epicentro
de lo que llaman libertad
me siento capaz de alcanzar el vuelo
de cualquier mariposa.
Rozar el cielo de tu boca
sin mover un pie del suelo.
Puedo dejarme llevar
al son de unas caricias
que saben de mis heridas
más de lo que sabe el tiempo.
Puedo mirarte
y apreciar en tus ojos
más vida que la vivida en años.
Y quedarme a quererte ahí,
en el transcurso de cada uno
de tus pestañeos.
Parar los relojes
justo en ese momento
en que fijas tus ojos en mí,
resumiendo el amor en una mirada.

Podemos hacerlo.

Saltarnos cualquier
distancia de seguridad.
Todos los *stops* de la ciudad.
Y cederles el paso a esos abrazos
que son remanso de toda la paz
que después de tanto daño
nos hemos ganado.

No sé nada

A veces soy solo
una mota de polvo
en mitad de una habitación.
Una nota de voz
que dura escasos segundos.
Un acorde de guitarra
de una canción triste.
Soy un ovillo de recuerdos
que no dejan de hacerse un lío.
El aleteo fallido de una mariposa
que se queda en el intento de volar.
Me asomo a cualquier ventana buscando un rayo de vida
cuando la esperanza es la llama apagada de una vela
[consumida.
Solo soy el puñado de huesos
que quedan después
de un ayuno de besos.
Unos labios cortados por el frío
que deja la soledad.
El regusto amargo al tragar
cuando el nudo en la garganta
apenas deja que entre el aire.
Solo sé que no sé nada
de lo que una vez fui.
Que lo sé todo de ti
pero poco de nosotros.

Que es invierno en el hueco
que dejaste en el sofá.
Que hace días que el sol
te echa de menos,

al igual que yo.

ERES LIBRE

A veces, para encontrarte, solo has de encender tu luz.
Fran Fernández

La sensatez está para saber
que si vas a querer poco, deberías,
al menos,
hacerlo bien.
Que creer en tu propia confianza
vale más que cualquier promesa
que puede que acabe rota.
Mírate,
la fragilidad se te transparenta
por más que la intentes ocultar
entre capas de abrigo.
Es la piel la que sufre los golpes.
Da lo mismo si cubres con tiritas
tus heridas
porque siempre se acaban cayendo.
Corres el riesgo
de que alguien meta su dedo
y remueva entre tus recuerdos.
Quédate con lo bueno.
Si has llegado hasta aquí,
no te des por vencida,
pero siéntete orgullosa de ello.
Podrás avanzar
si dejas atrás los miedos

en la carrera de la vida.
Si en vez de tirar la toalla,
te secas con ella y vistes bonito
a todos tus sueños.
Déjate ver.
Luce sonrisa
ante cada mirada de odio o desprecio.

Eres guapa así.
Desnuda de complejos.
Libre de miedos.

Apunta y dispárame (al corazón)

Una vez creé un perímetro de seguridad que me
mantuviese a salvo.
Llegaste a saltarlo
dejándote en el camino
tus inseguridades.
Ahora soy yo la que grito sin miedo
que si la vida nos llueve,
es cuestión de mirarnos.
Que uno más uno suman
dos corazones
con un mismo destino.
De restas ni hablamos
si no vamos a descontarnos tristezas.
Tú puedes prever a ciencia cierta un futuro
y yo puedo seguir escribiéndolo
con mis letras.
Solo te pido un abrazo más.
Un minuto más en tu cama
mientras sigue sonando la alarma
de la rutina.
Un último rayo de sol de tu mano.
Una lluvia de estrellas
que nos conceda el deseo de seguir aquí.

Apuntándonos a los ojos.
Disparando al corazón.

Lo fácil de un beso

Puedo darte mil excusas o convertirte en el mejor de los motivos.
La respuesta está en las ganas de besarnos y en el frío que desgasta nuestros labios ahora que dice adiós el verano.
Que tú y yo somos dos corazones
en objetos perdidos que esperan
ser encontrados.
Dos almas que destinadas intercambian más sueños que miedos.
Dos cuerpos que dan la espalda a la nostalgia.
Llueven recuerdos sobre nuestras cabezas y no dejamos de mirar al cielo anhelando ese rayo de sol.
Y resulta que a veces lo fácil es un beso.
Y un abrazo el camino más corto a la felicidad.

Mi reflejo

Y ya no miro atrás.
Ahora me observo en el reflejo
de unos ojos
que con solo mirarme
hacen temblar

a todos mis sentidos.

Nosotros

Y si el telón se baja,
quedemos tú y yo.
En la función de nuestra vida.
Interpretando ningún papel.
Tan solo

dejándonos llevar.

Heridas

Cómo explicar que la vida es la herida abierta que
sangra al rozarnos.
Y que al dolor también se acostumbra
la piel.

Un intento más

Deja de ser casualidad
si tropiezas más de tres veces
con la misma piedra.
Suele convertirse en manía
esto de que alguien
o algo se te repita.
Y no es que moleste,
es que al final duele
tanto tropiezo
si acabas cayendo
de boca en el recuerdo.
Puedes seguir una línea
que aun pareciéndote recta
no deja de tambalearte de lado a lado.
Fijar en sus ojos tu meta
y que al llegar ya no esté.
Puedes apostar en su piel
todas tus caricias.
Quedarte sin cartas
en la baraja del amor.

O dejar de jugar.

Pero que sepas
que una retirada a tiempo
nunca será victoria
si te quedaste con las ganas.

Querer no es poder,
es hacerlo sin más.
Las peores cuestas
siempre escondieron
vistas espectaculares.
De ahí la constancia.
El correr en contra
de cualquier rendición.
Si la esperanza es encontrar algo bueno por pequeño que sea.
La paradoja de esperar que sea la montaña
la que venga a ti con los brazos abiertos.
De que sea la vida
la que levante su mano
diciendo «estoy aquí».
Puedes seguir esperando que eso ocurra y mientras transcurra en tu contra el tiempo.
Una vez sientas
que hacen mella las arrugas en tu piel
tal vez ya sea tarde.
Tal vez él no esté
o no haya estado jamás en la meta,
pero tú no habrás
movido un dedo por intentarlo.

Y eso sería lo peor
que podría pasarnos.

Las dos caras del amor

La complicidad de unas manos que se rozan.
La belleza de un beso.
El perdón en unos labios.
La sencillez de lo natural.
La transparencia de una mirada.
La suavidad de una caricia.
La calma de un abrazo.
Lo amargo de un adiós.
El silencio desolador.
La agonía en la garganta.
Lo absurdo de una mentira.
Lo que duele la verdad.
Lo difícil desquerer.

La cara b del amor.

La noria de la vida

No hay peor ciego que aquel
que se tapa los ojos con sus manos.
Girar la cabeza hacia un lado
es mirar de reojo los problemas
y que sigan ahí.
No es miedo al incendio
si lo que estás buscando es algo de calor.
No conozco otra manera de romperse
que abriendo en canal al corazón

y aun así es la única para recomponerse.

Crecer es dejarse doler hasta dentro.
Y cada golpe en el pecho,
una herida más.
Puedes dejar tu felicidad
en manos de cualquiera
pero solo tú sabrás solventar la pena
una vez sepas que tu sonrisa
vale toda la alegría.
Sigues girando alrededor de tu tristeza
en un tiovivo llamado vida.
Subido a una noria que al igual
que te eleva al cielo
te deja en el suelo
y la caída siempre supo a golpe amargo.

La gente quiere cambiar el mundo
a través de una pantalla.
Quieren cambiarte también a ti.
Quieren que te hagas pequeño a su costa mientras ellos
siguen creciendo.
Y sigue creciendo el morbo
por vernos desnudos de todo
menos de miedos.
No saben que los que callamos
no siempre otorgamos.
Que decir «no» a veces supone ese miedo.

No saben de insomnios.
Ni tampoco de desvelos.
Del cerrado a cal y canto
por más de un derribo.
De la masacre que deja
tanta superficialidad.
De lo bonito que es verse por dentro.
De lo gratificante de romper el cristal
y luchar al otro lado de esa pantalla.
De dar un puñetazo a la tristeza.
Supongo que tú también
te has dejado llevar por mínima que fuera la posibilidad
de salir ganando.
Yo me quedo con los ojos
que mirando poco
ya saben todo de ti.

Imagina

Te veo conducir por las curvas que tiene la vida y toda
la tristeza se queda en la cuneta.
Tu destino se dibuja en cada
tramo de mi piel.
Y el futuro son tus manos
cogidas a las mías.
Dibujo líneas verticales en tu cuerpo que me hacen
impulsar el vuelo hasta tus ojos.
Mirarte es saber que el invierno ha pasado de largo en
nuestras vidas.
Que ahora por fin brilla el sol.
Imagínanos latiendo al compás de una sobredosis de
caricias.
Imagina que escribo un poema
basado en tu risa.
Que vuelvo a ser esa niña de fácil sonrisa que alcanza
de puntillas a abrazarte.
Piensa en una veleta que gira por inercia hacia ti.
Que te apunto con mis manos.
Que toco tu cielo si rozo tus labios.
Que nos retumba en el pecho la palabra *felicidad*.

Como todo lo que nos hace vivir

Como la hoja que cae de un árbol
en pleno otoño
y siempre hay alguien que acaba pisando.
Como el suspiro
que sale de unos labios
cuando golpean en tu puerta
los recuerdos.
Como el agua que queda en el vaso
que sigues sin ver lleno.
Como lo imparable de un «te quiero»
cuando ya lo has soltado.
O los restos de caricias
que se quedan entre tu pelo.
Como su cara mirando perplejo
las vidas que a diario perdemos.
Como la cruz que sostenemos
y el peso de tanta tristeza.
Como dar rienda suelta a unos besos
que acabarán marchitos en labios pronunciando un adiós.

Como tu fobia a mis miedos.
Como mis miedos a no estar a la altura.
Como el temor al impacto.
Como la vida llorando en una esquina mientras intenta subsistir.

Como la frustración del parado.
O las cicatrices que deja el maltrato.
Como la oda al silencio.

El temor al hablar
en medio de tanta indiferencia.
Las represalias a tus palabras.
Como saltarse
cualquier ley de alejamiento
sin ninguna justificación.
Como ser tú el fin que justifique
mis te quieros.
Como solventar ecuaciones a besos
en el genocidio que supone querernos.

Como mi calma y tu abrazo.
Como tu cama y mi fuego.

Desnudos

Vísteme despacio que tengo prisa
por desnudarme contigo de todos
mis miedos.

Por si no estoy, recuérdame

Por si mañana
al poner los pies en el suelo
te tambaleas.
Por si el aire deja de abrazarte
al doblar la esquina
y empieza a despeinarte.
Por si se acaban las razones
y nos quedan solo las excusas.
Por si el silencio se convierte
en tu mejor compañía.
Por si mañana el hastío se asoma
por la mirilla y decide abrir.
Por si la nostalgia te besa.
Y la suerte te da la espalda.

Por si mañana no estoy.
O te vas.
O te da por llorar.

Que sepas que están golpeando
el cristal unos cuantos
rayos de vida.
Que unos ojos te querrán de reojo.
O unas manos llamarán a tu puerta dispuestas a acariciar tus cicatrices.

Que si un día no estamos,
seguirá floreciendo el campo
a pesar de la lluvia.
Seguirán creciéndonos las sonrisas.
Y el día que todo se acabe
entenderemos la incongruencia
de que todos los finales
son los mejores comienzos.

Y que entre tu vida
y mis venidas
aún nos quedan heridas por contar.

Todo llega

Quien no corre sueña.
Y todo llega.
Como tú.
Que me besas y desciende un «te quiero» de mis labios.
Que te miro desde abajo y alcanzo el cielo tocando tu piel.
Que has hecho de un abrazo un lugar donde esconderme del miedo.
Que desprendes sonrisas por cada uno de tus poros.
Que me llenas la vida de insomnios que llevan tu nombre.
Que eres el mayor de los desastres convertido en la mejor de las rutinas.
Que me he hecho a ti, como se hace el invierno al frío o las flores a la primavera.
Que me encontraste a la deriva
y remaste conmigo.
He aprendido a querer con los ojos cerrados.
Con la mano tendida.
Y es que sin ti llora desconsolada
la soledad.
Y contigo el silencio ya no duele.

Mujer

Camino erguida.
Fijando mis pupilas al frente.
Pisando fuerte el otoño bajo mis pies.
Llevo por bandera la palabra *mujer.*
Y en el pecho una diana.
Me cambio de acera cuando el miedo dispara sus dardos.
Me gritan desde una esquina.
Se atreven a llamarme fragilidad.
Me apuntan y me hago pequeña.
Me seco la impotencia de los ojos
y vuelvo a ser esa niña indefensa.
Soy carne y ellos cañón dispuestos
a matarme.
Pero al fondo se escucha una voz.
Alguien grita «libertad».
Se prende una luz.
La llaman lucha.
Y sonrío, por la esperanza como última oportunidad
cuando el miedo a caminar solas no deja de apuntarnos.

Siempre hay alguien a tu lado

Nos queda pensar cómo de sinceros somos
con nosotros mismos.
Si existen pretextos para tantas excusas.
O si es un don el querer de verdad.
Me pregunto si vas a llegar
siempre tarde a ese abrazo.
Si el tren del desengaño
nos seguirá atropellando
cada vez que demos algo más.
Si decepcionarse va a convertirse en algo habitual
hasta que la rutina nos gane el pulso.
Qué tal si en vez de pensar tanto actuamos.
Que el único papel que juguemos
sea el de interpretarnos hasta aprendernos de pe a pa.
Me vais a perdonar,
pero no sé curar los miedos
de otro modo que no sea
mirando a los ojos.
Que la admiración
no es compatible con la envidia,
y del amor al odio solo hay un paso
que muchos se atreven a dar
y que, por suerte,
los de verdad prefieren saltarlo.

Y menos mal.

Yo no me rindo

Y en un despiste
te dejas la vida en un banco.
Y los sueños se vuelven de hielo
y acaban deshechos a tus pies.
Podría escribir cómo asfixia el invierno
en mitad de la primavera.
O lo frío del suelo
cuando es la rutina
la que camina contigo.
Podría seguir escondida
bajo la pasividad de unas manos
que se cansaron de llamar
a las puertas de la alegría.
Y con los nudillos cubiertos de heridas aceptar que los
días cambian a gris
en un abrir y cerrar de ojos.
Que tal vez no has caído en la cuenta
de lo que escuece un abrazo
a destiempo.
O lo que agota la impaciencia
cuando no llegas.
Que si se hace monótona la vida,
los únicos culpables somos nosotros.
Podemos viajar hacia el mismo destino, incluso
subirnos al tren a la vez,
pero si no compartimos vagón

será que tu vida y la mía
cambiaron de sentido.
Que la cuestión no es llegar corriendo,
es hacerlo a salvo.
Y si el intento nos cuesta esa vida,
prefiero morir a mitad
a seguir con los brazos cruzados.

¿Y tú?

Libres

Y ojalá que al darnos la vuelta
nos sorprendan con un abrazo
por la espalda.
Que el único puñal
que nos sigan clavando
sea el de la esperanza.
Que el dolor acabe tirado
como una baraja de naipes.
Ojalá que la ansiedad deje de ahogarnos.
Que tengamos a mano unos labios
que sepan a tabla en el mar
de todas las dudas.
Y al mirarnos pongamos en juego
a todos los miedos hasta ganarlos.
Ojalá que siga saliendo el sol
por donde nosotros queramos.
Que si nos dan una de cal,
les demos dos de arena
y sigamos jugando.
Que el llorar no nos haga escondernos
al final de la cola,
porque el que se queda último
siempre termina riendo mejor.
Ojalá caminar siempre descalzos
para que nadie tenga que estar a la altura de ninguno
de nuestros zapatos.

Que hagamos camino al andar
sin conformarnos con las migas de pan que otros dejaron.

No creernos invencibles,
sí fuertes.
Pero sobre todo

libres.

Desvelos y poesía

He tejido la tristeza en madrugadas
sin estrellas y con la luna mirando
a través de un cristal.
Y entre sábanas blancas de hotel
me he dejado alumbrar
por todas las luces de la cuidad.
Mientras tú dormías,
todas las musas venían
y entre insomnio e insomnio
no dejaba de escribirte.
Las noches siempre fueron de aquellos que guardan secretos entre sus dedos
y sienten la necesidad de contarlos.
He subido la persiana
y mayo se ha colado en mi cama.
He mirado con ojos de sueños
a través de la ventana.
Me he cegado con cada rayo de sol dedicándole a la vida la mejor de mis sonrisas.
He transcrito mis días en un papel
que aun arrugado sigue siendo
el mejor boceto de todas mis historias.
Y han pasado los segundos,
los minutos
y las horas

perdiendo el aliento
en cada intento por sobrevivir.
Pero seguimos aquí
entre desvelos y poesía.
Y si todavía seguimos creyendo
que queda algo de luz,
nada ni nadie podrá

hacernos sombra.

Lo de fuera no importa

Fuera sigue lloviendo.
Y las nubes apagan la luz.
Huele a invierno,
pero aquí dentro,
a escasos centímetros de tu respiración, me ciega el sol.

Todo el cielo para ti

Apuntar al cielo
es bajarte las estrellas
con tus propias manos.
Y aunque estés en el suelo,
alzar la mirada
es hacer las paces con la esperanza.
Y dejar que te ciegue el sol.
O la lluvia te moje.
Escuchar en silencio
cómo los pájaros cantan
sus mejores secretos.
Ver cómo las nubes dan forma
a todos tus sueños
mientras el viento acaricia tu pelo.
Y desde ahí,
celebrar que haces vida de cada sonrisa.
Que muere una flor
cada vez que alguien llora.

Pero no estás sola.
Tienes todo el cielo para volar.

Mayo

De todo lo que tengo, salvaría este instante.
Rodolfo Serrano

Ella sonríe mientras el viento mece su pelo
en la cara.
Él es respuesta a cualquier signo de interrogación.
No hay silencio después de un «te quiero».
Ni rencor entre los dedos.
Sí caricias que impregnan
de esperanza la piel.
Mayo besando unos labios.
Plantando sueños
en todas las estaciones de su cuerpo.
Y es el tren de su vida el que atropella
y descarrila en todas las curvas
de su sonrisa.
Y la primavera
vistiendo de colores la tristeza.
Y no paran de crecer flores
por todas las calles de
su pequeña ciudad.
Ha vuelto el sol.
Y se quitan sus abrigos.
Y una cuerda que afloja
y el aire entrando de nuevo,
llenando sus pulmones de vida.

Yo te llamo poesía

Llegas con un aluvión de abrazos
en mitad de mi tormenta.
Me salvas.
Eres la suerte de ese trébol
de cuatro hojas escondido
entre toda la maraña de plantas.
Traes la calma.
Eres la esperanza de un buen libro
un domingo por la mañana.
La paz anclada a tu mirada.
La voz de aliento que impregna
todo de vida.
Te miro y todos los carteles me indican que el camino
hacia tu ombligo
es la única salida.
Sigo la estela de todas las sonrisas
que dejas al doblar cada esquina.
Llámalo poesía,
si te cala el alma con solo
rozarte la piel.

Hasta el último latido

Para destrozarnos
tenemos toda la vida,
para querernos no hay tiempo que perder.
Y de perder el equilibrio si te miro.
No lucho si no es por mí,
pero contigo.
Y si te digo «te quiero»,
no vuelvas la vista atrás,
porque los miedos son los mejores motivos por los
que continuar.
Y que retumbe la paz en nuestros oídos
al besarnos.
Y el frío nos cale la piel.
Y en vez de correr,
nos abracemos fuerte.
Y ahí,
juntando tu pecho al mío,
vivirnos hasta el último
latido.

Un abrazo vale más que mil palabras

Mi fe es creer
que si hay sonrisa queda esperanza.
Que en cualquier atisbo de derrota alguien apoyará su mano en tu hombro.
Que la tristeza
respetará algún día
una orden de alejamiento.
Que la música lo arregla todo.
Que nadie va a taparte con su dedo el sol porque la luz siempre busca cualquier minúsculo recoveco.
Que puedes arder
al contacto con otra piel sin quemarte.
Que juntando dos cuerpos desnudos
se da por cerrado el invierno.
Que el verano es tu pelo bailando
si sopla el viento
y en un intento por apartártelo de la cara lo pillas sonriendo.
Mi fe es creer que la risa
nos salva de todo.
Que puedes pintar un día gris
con el rojo de tus labios.
Que el vacío que deja un adiós
hace juego con ese bonito recuerdo.
Que más vale sueño en mano
que cientos de ilusiones volando.

Que crecer es apuntar al cielo
aunque esté lejos.
Que ser fuerte no es cuestión
de verse guapo en un espejo,
yo prefiero aprenderte por dentro.
Mi fe es creer
que hay vida en cada herida.
Sentimiento en cada cicatriz.
Auxilio en cada silencio.

Y que un abrazo vale más que mil palabras.

Naufragio

Hay recuerdos inmunes al tiempo.
Como el dolor que deja ese adiós
en un aeropuerto donde ves despegar a tus sueños cada vez más pequeños y distantes.
Nos creímos imprescindibles.
Imparables al tiempo
que siempre corre en nuestra contra.
Somos la grieta que divide en dos
todas las ilusiones
que se acaban rompiendo.
Y acabas desnudo frente a un espejo preguntándote dónde fueron a parar
esos sueños.
Pretendemos disfrazar los silencios
con palabras de aliento.
Combatir en otros cuerpos el frío
que nos dejó el invierno
arraigado en la piel.
Desmantelamos a base de abrazos ejércitos de personas que cargan en sus hombros la tristeza, pero hay abrazos que al final
tampoco llenan.
Y te quedas ahí,
sentado en mitad
de un ataque de soledad,
esperando el naufragio.

Viaje express

Llévame ahí donde empiezan tus ojos y termina todo lo demás.

Septiembre

Podemos ser dos cometas que vuelan con el único sentido de estrellarse en una boca.
Dos «te echo de menos» colgando
de nuestros labios.
Dos almas aferradas al amor.
Mirarnos con el único objetivo
de intercambiar unas sonrisas
en el banco de ese parque.
Sabernos vivos mientras
septiembre nos hace cosquillas
en el ombligo.
Que el otoño se cuele por las rendijas de las ventanas.
Que bajemos la persiana del rencor.
Que siempre nos echemos de menos y nunca estemos de más.
Que olvidarnos no entre jamás en nuestros planes.
No es peor el remedio que la enfermedad si eres tú la receta.
No fue el huracán lo que venía de frente, eras tú.
Y lejos de arrasar con todo
trajiste la calma.

Vibraciones

Y que la vida son esas vibraciones
que te acercan y te alejan
de lo que pudo y no fue.
De lo que es o lo que podría ser.
Estamos hechos
de ecuaciones imperfectas.
De canciones con finales inesperados.
Y de historias a medias.
De latidos que bombean
entre el miedo y el amor
mientras dudan en dar ese paso.
El viaje más largo
lo marcan tus dedos
señalando futuros inciertos.
Seguimos clavando los pies en el fango
y pocos se juegan
un abrazo en rescatarnos.
¿Que por qué escarbo el barro?
Porque nadie va a mancharse
las manos por ti.
Podría escribir sobre
cada cicatriz sin cansarme.
Susurrarte al oído mis miedos.
Descifrar en tus labios mi suerte.
Duele, pero alguien contó que caerse siempre te hace
más fuerte.

Y quizás serás tú el que vendrás a salvarme o estas letras
las que te acompañen.
Quién sabe.
Si la vida es un túnel sin salida,
pero siempre serás emergencia
para alguien.

Dónde nos queda el mundo

Dónde queda el mundo
si se llevan el horizonte
y te cierran los ojos.
Si te arrancan de las manos las fuerzas.
Si escribir ya solo es
trazar la tristeza en un papel.
Dónde queda el mundo
si la ciudad es un puñado de ruinas,
fruto de tanta mentira.
Si los malos siempre ganan.
Dónde quedan los restos
de aquello que un día nos hizo sonreír.
Las huellas en las manos
de todas las pieles
a las que nos abrazamos.
El sabor a vida en sus labios.
No hay mar que por bien no venga
si consigues remar hasta la orilla.
Si dejas de ser kamikaze
o suicida entre tanto vacío.
Si te estrellas contra el suelo
y el impacto te lleva de nuevo a las puertas del cielo,
que volverán a abrirse para ti.

Solo tienes que empujar hacia dentro.

El amor hacia ti

Yo que hui de esos días tristes.
De los vasos vacíos.
De los campos sin flor.
Yo que le abrí los ojos a un invierno empeñado en mirar la tristeza y le di al interruptor de la esperanza.
Que me interpuse entre los sueños y los miedos y salí ilesa y con más ganas.
Qué sabes tú de rescates si pagaste menos platos de los que rompiste.
Si soy yo la que vine a salvarme.

Que me sigue pareciendo bonita la vida, siempre que cambio la perspectiva y ya no la miro a través de tus ojos.

Yo que hui de los días grises.
De mirar el vaso medio vacío.
De buscarle un sentido al amor.

Me sé aquí,
conmigo.
Encontrando ese sentido al amor
hacia uno mismo.
Y sentirlo en tu propia piel
sí que es saber cómo de bien
acaricia la felicidad.

Mi punto de inflexión

Que el simple aleteo de tus pestañas puede
[desencadenar
todo un huracán de sentimientos.
Porque llegas con todos los sueños
a juego de tu sonrisa,
sabiendo que vivir es avanzar
en dirección opuesta a la herida.
Y caminas con la fuerza del vendaval
que tú mismo has creado.
Arrasando con todos los miedos.
Adentrándote en el desastre,
dispuesto a arreglar
cada uno de mis desperfectos.

Y es que eres tú
ese punto de inflexión que llega a tiempo.

Disfraces

He visto a la tristeza
morirse de pena en unas manos
que fingían caricias.
He visto a la nostalgia
cumplir condena durante años.
He visto al desamor correrse solo
sin que nadie lo abrace después.
No quiero que me veas.
Quiero que me mires y entiendas
el silencio de mis ojos
cuando bajen la vista al suelo.
No quiero ser la que mire
a través del cristal toda esa mierda
que disfraza las calles de felicidad.
Porque es solo eso.
Un disfraz mal cosido,
que si tiras de alguno de sus hilos
se acaba rompiendo.
Como yo también me he roto.
Como a ti te rompieron alguna vez.

Siempre estás

Quisiera salir ilesa de un recuerdo.
Ser la paz que yace en tus sábanas.
Los latidos que te impulsan a vivir.
Despedirme sin miedo de ti mientras se besan nuestros cuerpos.
Gritar tu nombre en mitad de un silencio
y que sonrías.
Abrazarte con la valentía con la
que un pájaro abre sus alas
en busca de libertad.
Que seas tú precipicio
y yo el salto al vacío.
Sacar de paseo al corazón
por tus calles.
Secarles a tus ojos la tristeza.
Abrirles las piernas a tus heridas.
Hacer el amor con todas tus cicatrices.
Quisiera ser exclamación en tus sonrisas.
Punto final de tus dudas.
O la soledad de tus interrogantes.
Que al juntarse nuestros cuerpos se maten a caricias nuestras pieles.
Porque creo en ti.
Porque vuelvo a ti cada vez que me escuece el recuerdo.
Y siempre estás ahí.

Es tu decisión

Quizás tú no lo sepas,
pero cada vez que acaricias una piel
nace una flor nueva.
Cada vez que miras a los ojos
se abre una puerta directa al cielo.
Cada vez que te la juegas
ganas más que si no lo intentas.
Podría transcurrir el tiempo a toda prisa
y tú seguirías sentado frente a la ventana viéndolo
pasar.
Podrías seguir aguantando el aire dentro hasta
quedarte sin respiración
por no hacer ruido.
No eres consciente
de lo bien que le quedas a la vida
cada vez que aceptas bailar de su mano.
Puedes quedarte quieto
a esperar el impacto
sabiendo que va a matarte.
Puedes seguir acumulando tristeza
en los cajones
hasta que invada todos los recuerdos
y rincones de tu habitación.
Puedes también ser esa flor
que acaba marchita entre las hojas
de un viejo libro.

O el garabato de un sueño
que acabó hecho pedazos
entre todos los escombros.
Me preguntaba si piensas seguir esquivando la suerte
o vas a dejar que te bese de una vez.
Puedes seguir lamentando
cada una de tus cicatrices,
o aceptarlas como signo de superación.
Estás vivo y eso ya es suficiente
para seguir caminando.
Tú decides si quieres sentarte a mirar,
o salir ahí fuera
con un arsenal de sonrisas
en los bolsillos.

Mi huracán

Estamos aquí,
en mitad de la tormenta,
y tú eres el huracán.
No quiero que amaines.
Después de todo seguimos vivos.

Si te vas

Si te vas, llévate
todos mis besos en tus labios.
Tu ropa.
Y mis miedos.
Te puedes quedar
con todas esas canciones
que suenan de fondo en mi cabeza.
Con los estribillos que llevan tu nombre
o las letras que siguen
hablando de nosotros.
Si te vas,
puedes tirar la maleta de recuerdos
por el balcón.
No olvides cerrar todas las puertas.
Las ventanas por donde dejó
de entrar el sol.
Te puedes llevar los reproches
y por supuesto el invierno.
Lo que no vas a llevarte
es mi «te echo de menos»
ni ningún «te quiero» más.

Una puerta al amor

Hay una puerta entornada al amor.
Corres el riesgo de que se cuele
en tu pecho
a la vez que inhalas el aire.
Una vez pase esto
ciérrasela de golpe a todos tus miedos

y déjate llevar.

Insomnios

Has entrado sin permiso en mis insomnios, desde entonces no he dejado de escribir(te).

Superviviente

Yo soy más de levantar la cabeza
en situaciones extremas
mientras tú sigues
bajando la mirada al suelo.
No es cuestión de tropezar
con las piedras que tú mismo
has puesto con tus manos.
Sería mejor caernos y levantarnos
una y otra vez
hasta que sean los miedos
los que se cansen.
Que aun con rasguños
sigamos plantándoles cara a
todas las heridas
porque donde hay cicatriz hubo vida.

Qué sabes tú
de cómo arde el dolor
cuando es la decepción
la que eriza tu piel.
Cuando el calor de aquellas caricias
se vuelve tan frío como el hielo.
Cuando te abraza la risa por la espalda y ya no es casa.
Ni refugio.

Me sé de memoria todos los fracasos.

Los guardo bajo llave
en el intento fallido de olvidarlos.

Seguro que al igual que yo
tú también sigues vivo.
Recogiendo esos fracasos del suelo
y ordenándolos en la estantería
de tu habitación.
O mirando a la decepción
desde la ventana
que daba a la calle de los sueños
por la que ya no entra el aire.

Perdona si te molesto,
pero creo que deberías abrirle la puerta
al futuro que espera detrás
dudando en llamar
y sorprenderte con nuevos retos.
Dejar que entre el aire de nuevo a tus pulmones
con la frescura con la que la primavera nos devuelve la
ilusión.
Con la certeza de que
es posible arder otra vez
y que quemarse no es tan malo
si sobrevives al incendio.

Que lo jodido sería
dejarse morir sin intentarlo de nuevo.

Tu risa

Veo cómo despega la vida en tus ojos.
Cómo te asomas al mundo
cada vez que te quitas la venda
que cubre tus párpados.

Sonríes y se para el miedo.
Y tu risa es estruendo
en mitad de un silencio desolador.

No dejes de hacerlo.

Por ti

Cuento las sonrisas que me debo
y me faltan dedos.
No es miedo a quererme,
más bien es a saber cómo hacerlo.

No es cuestión de agachar la mirada
o cerrarle los ojos a la realidad.
Más bien es caminar
con la frente alta
y dejarse la piel en luchar
por todo.
Con todos.
Pero, sobre todo,
por ti.

Sus ojos

Sencillo perderse en la profundidad
de su mirada porque en ella trae el mar
y a mí este siempre
me dio la calma.

Te quiero

Con la fuerza
con la que se contonean unos labios
al gritar un «te quiero»
que nos deje temblando.

El cariño también cura.

Peligro de extinción

Alguien que con solo rozarte ponga en extinción a todos los peligros.

¿Me acompañas?

Vengo a hablarte del juego
que hacen las dudas con el miedo.
De salir ahí fuera con la seguridad
por los suelos,
esperando que alguien la recoja por ti.
De lo cobardes que somos
buscando culpables en otros cuerpos.
De la nostalgia que deja el recuerdo
o de la razón que perdemos
por no ser capaces de hablar a tiempo.

Vengo dispuesta
a apuntar con mis dedos a la locura
mientras todos los cuerdos me miran mal.
A bailar sobrc las tumbas
de todas las vidas que he perdido
por no quererme a tiempo.

Me pregunto si el mundo
va a seguir girando
sobre una esfera vacía.
Si seguiremos
empapándonos de tristeza
cada vez que se avecine tormenta.
Si el frío seguirá erizando pieles
que rendidas dejaron de buscar
en caricias algo de calor.

No sé tú.
Pero yo estoy preparada
a romper las cadenas
que nos atan a una vida impuesta.

Vengo a querer sincero.
A buscar la verdad en miradas perdidas que siempre
tienen algo que contarte.
A coger las manos de aquellos
a los que dejaron solos en una cuneta.

No sé tú.
Pero yo quiero escribirle
una carta a la pena,
enumerando cada motivo
por el que sonreír.
A reírme del miedo
y a llorar como un niño
que todavía conserva la inocencia
y la humildad que tanto nos hace falta.

¿Y tú?
¿Me acompañas?

Mi placebo

Podría pasar de todo entre nosotros si pasamos de todo.
Por qué ponerle fecha de caducidad al amor cuando debería ser preferente.
Podemos apartarnos el miedo de la cara y ver mejor lo que tenemos enfrente.
Abrir el paraguas cuando nos llueven interrogantes y poner el signo de exclamación a nuestras ilusiones.
No eres tú, soy yo que no sé decirles que no a todas las dudas cuando el crucigrama del amor no deja
de hacerme preguntas.
Y es que morimos porque alguien nos quiera y cuando lo hacen solo pensamos en correr hacia el lado contrario.
El arte de amar cuando la inseguridad
nos delata y el puesto del fuego
lo ocupan las cenizas.
Deberíamos dejar de esquivarnos.
Permitir que crezcan las flores del tallo
y no de las espinas.
Ser un jardín de sonrisas en medio de un campo de abrazos.
Y darnos la mano al cruzarnos cuando la primavera nos reciba vestida de felicidad.
Ser nosotros el mayor desastre
natural nunca visto.

Desordenarnos los sentimientos hasta dar con ese «te quiero» que llega justo a tiempo.
Que te hace temblar.
Pero a la vez es placebo.

El poder de decir «te quiero»

El viaje eterno es tu mano sobre la mía.
Lucas Pez Mago

En el dolor está la cura.
En la cura las ganas de continuar.
En el futuro las dudas.
En las dudas el miedo.
En el miedo el pedal que te hace frenar.

En tus pies el poder de volver a acelerar.
En la velocidad de sus pestañeos
toda una vida.
En su mano la llave
que empieza a girar
hacia el lado de la esperanza.

Y ahora en sus ojos está tu cura.
En sus brazos las ganas de continuar.
En su piel tu futuro.
En el suelo los miedos.

Y en su boca, el poder de un «te quiero».

Me rindo si seguir no conlleva hacerlo sonriendo

Es sencillo conducir
al epicentro del dolor
y lo difícil, deshacerlo.
Es curioso como el miedo
siempre entra sin llamar.
Así como el viento despeina tu pelo.
O el frío traspasa pieles sin avisar.

Es inútil mirar al pasado con lamento.
Buscarle los tres pies al gato.
O querer ser la pieza que encaje
en este puzle llamado vida.

Salir huyendo siempre fue lo más fácil,
pero hacerlo volviendo la vista atrás
ya no tiene sentido.
Porque es demasiado sencillo rompernos si clavamos los pies en el pasado.

Y yo ya no conozco
otra manera de avanzar
que no sea fijando metas o sueños.
Ni otra manera de seguir
que no sea sonriendo.

Princesa

He construido castillos de arena
en los que sentirme princesa.
He dejado mis huellas en tu piel
para que conozcas el camino de vuelta.
Me he topado con el sol de frente
y me he dejado cegar.
Desde que vivo con la luz encendida
no tengo miedo.
Me he sentado en la arena
mientras la felicidad
me hacía cosquillas en los pies.
Me ha mirado el horizonte
retando a mis sonrisas.
Llevándose lo gris.
He esperado en la orilla
a que el mar arrastrase recuerdos.
Y me trajese de nuevo tu risa.
Para estar hoy aquí,
compartiendo caricias
mientras nos mira el cielo.

Autoquererse

No eres tú, soy yo que me echo de menos.

SIGUES EN PIE

Fue el estruendo del disparo
lo que nos hizo tambalearnos.
Que las balas no hacen daño
cuando impactan donde ya hubo herida.
Y tú, acostumbrado
a que te apunte el miedo,
acabas soportando el dolor
de un modo casi natural.
Y es que el amor no llega,
derriba,
y cuando estás en el suelo golpea fuerte.
Igual que la vida.
Y sigues siendo tú la herida abierta
y el amor otra tirita,
y la vida la venda
que aun siendo cura
no impide que dejes de sangrar.

Sigues siendo el saco de boxeo
que recibe los golpes.
El cuerpo estático
que espera el impacto de la bala.
El roto que provoca el estruendo
de ese disparo.

Pero estás ahí.

Manteniendo la compostura,
sonrisa a cuestas.
Cargando a la espalda
con el peso de esos días
donde falta la luz.
Fingiendo ser esa fuerza sobrenatural que empuja a
tus pies
a seguir caminando.

Aunque duela.

Tres copas más tarde, meses después de aquel portazo, sabía de sobra desde días antes que tarde o temprano te irías.

Quizás ya vestía de negro, ya latía el luto en mi antes de aquella mirada ciega

que nunca vi.

Abrazos de desidia.

Miradas hacia otro lado.

Nunca me conocerán por ser el hombre de tu vida y quizás lo más probable es que no quieras que me vuelva a cruzar en ella.

Aquí, aún sigue toda mi alma tirada por el suelo entre nuestras fotos.

Algunas de tus bragas que dejaste olvidadas por los cajones me miran como un cobarde, saben de sobra como mato el dolor del vacío en la cama que tú dejaste y que yo no quiero llenar.

Así que aquí estoy tres bares después al borde de otro precipicio con tu nombre.

A punto de volver a dejarte otro estúpido whatsapp en el que mi orgullo quedará por los suelos.

Sabiendo que yo ya no quiero a otra intento hacerme a la idea de que tú aún no estés con otro.

J.Diem

Por mí

Lo necesario que es a veces
echarse de menos
para cogerte con más ganas a la vida,
que a veces pende de un hilo
demasiado fino.
Hay límites a los que se llega tarde
si tienes paciencia,
pero quizás cuando los alcanzas,
duelen más.
Y acabas ahogada
entre toda esa multitud
que no hace más que pisarte.
No haces más que inhalar todo el aire
que cabe en tus pulmones
y empujar la ansiedad a codazos.
Llámame egoísta,
pero solo quiero mirarme de frente
y reírme de todos mis miedos
sin esperar que alguien llegue
por detrás a abrazarme.
Gritar en mitad de un ataque de soledad que no estoy
sola
porque siempre seré mi mejor compañía.

Ni por ti,
ni por todos mis compañeros.

Hoy por mí.

Porque traigo las manos
cubiertas de errores
y prefiero meterlas en los bolsillos
antes que dárselas al primero
que se cruce conmigo.
Por todas las sonrisas que me debo.
Y las lágrimas pendientes.
Porque nunca es tarde
para llegar a tiempo
si la dicha es quererse.
Ya lo sé,
para ti salir corriendo
siempre fue de cobardes.
Tal vez para mí
lo valiente sea huir
de aquello que te hace daño.
Las opiniones del resto
se acaban uniendo
hasta crear una cuerda larga
que va rodeando tu cuello.
Si no la destensas,
probablemente,
te acabe dejando sin respiración,

hasta que acabes muriendo.

Llueve

A veces escuece.
Y la nostalgia se cuenta
en los centímetros que separan
tu piel de su vida.
Y entre tanto tu huida
corriendo por delante del vendaval
de recuerdos que truenan en tu cabeza.
Y los rayos ya no proceden del sol
sino de la tormenta.
A veces duele.
Como esa herida en la que siempre
mete alguien el dedo
hasta hacerla sangrar.
Como el tropiezo en la misma piedra.
Como tu grito y su silencio.
A veces llueve.
Y no obtengo respuesta
si pido que vuelva la luz
mientras me sigo mojando los pies.
Quizás no quede tiempo
para tanta tristeza clavada en la espalda a modo de puñal.
Tal vez la primavera
decore mi cama de sueños
sin que para ello tenga que dormir recostada en su pecho.

Puede que el invierno
también disfrace las miradas de ilusión,
a pesar del frío.

Y que sonreírnos
podría ser la excusa perfecta al dolor.

Barreras

Esa fina barrera que separa el miedo
del amor.
Sus dedos, de tu piel.
La luz, del apagón.
Y que tan necesaria es de romper
alguna vez.

A escasos centímetros de ti

La distancia no se cuenta
en minutos para vernos
y sí en los centímetros que separan
tu piel de la mía.

Me basta(s)

Y allí se cruzó un cometa, y en su estela estabas tú.
Ismael Serrano

Y qué me dices
del vértigo a la altura de tus piernas.
Del vértigo al miedo
que siempre me hizo sentir pequeña.
Del vértigo al precipicio
por donde se escurren los sueños.
Qué me dices del vaivén de las dudas.
De la inseguridad
de mis piernas al caminar.
De todas las deudas que me debo.

Y qué sabes tú
de la línea que cruza el amor
y llega cuando menos te lo esperas.
Qué sabes tú de abrazos sinceros.
De besos a deshoras.
De noches en vela
mirando la vida pasar
a través de unos ojos.

Yo que nunca supe lo que era
dejarse querer sin mirar un reloj.
Sin un punto final.

Sin un adiós.

Y ahora estallan en mi boca
todos los silencios y grito tu nombre.
El pasado es piel muerta
que acaba cayendo.
Y el presente,
el renacer en ese cuerpo
que acaricia tus miedos
hasta hacerlos insignificantes.

Yo que nunca supe lo que era el amor ahora te sé ahí,
cobijado en el hueco pequeño
e indefenso de mi pecho.

Y me basta(s).

Vete

Si no vas a quedarte,
hazte a un lado.

Me tapas el sol.

Ojalá no sea tarde

Nadie habla ya
del vacío que deja el anhelo
en un mundo en el que apenas queda luz.
Nadie sabe ya
lo que es querer de verdad
y nos da por fingir sonrisas
que acaban ahogadas
entre tanta falsedad.
Pocos reconocen ya
el olor de tu pelo
o el rastro de vida que dejas al pasar.
Nadie te mira a los ojos al hablar.
Todos oyen, pero no todos escuchan.

Qué fue de todas las flores
que un día plantamos en bocas, esperando que
[florecieran
todos los besos que nos debemos.
Qué fue de todas las vidas perdidas
en cada estación de tren,
esperando que llegue
lo que ni nosotros sabemos.
Qué es de tu piel.
De tus heridas.
De todas las veces que moriste
y nadie vino a salvarte.

Qué fue de aquel corazón
inmune a los golpes.
De tanta grieta.
De todas tus cicatrices.

Dime, qué fue de ti.
Que será de mí.
De nosotros.
De las corazas
y de todos nuestros miedos
corriendo en diferentes direcciones.

Despertaremos un día
buscando cómo encajar las piezas
de este puzle llamado vida,
con las manos cubiertas de espinas
y el dolor entre los dedos.

Y ojalá no sea tarde.

No acaricias

Y ahora el viento ya no acaricia.
Más bien me empuja tan fuerte
que no sé si clavar en el suelo los pies
o dejarme vencer.
Me llueve sobre el recuerdo
que aun mojado persiste.
Y a ti te crecen las alas
que nunca tuviste.
Ahora sobrevuelas sin el miedo
que tengo yo a la caída.
A mí me nacen temporales en los ojos
y cada lágrima me sabe a poco.
A ti te retan huracanes y sigues vivo.
Tu corazón late fuerte
y el mío sin justificación.
Te llevaste toda mi poesía
y yo me quedé tus heridas.
Ahora el viento ya no acaricia.
Ni tampoco tus manos.

La última noche

Todas las letras de tu nombre
se esparcen en mi boca
cada vez que te pronuncio
y no obtengo respuesta.
Es tu ausencia ese nudo en la garganta que me impide
respirar.
Perder el aliento ya no tiene sentido
si no es por ti ni contigo.
Acabo de cerrar todas las puertas
por las que te fuiste y ya no entra luz.
No queda consuelo
que reemplace una despedida
cuando no es correspondida.
Y ahora solo oscuridad
mientras mis manos palpan a tientas
el recuerdo que me dejó tu piel fría

aquella última noche.

El viaje de quererse

El viaje empezará
cuando rompas tu inseguridad
contra el suelo hasta hacerla añicos.
Cuando imagines frente a ti
a todos tus miedos desnudos
y seas tú quien se ría de ellos.
Cuando confíes en ti
y no en esas manos que agarras un día
en pleno ataque de desesperación.
El viaje se hará
cuando sean tus pies
los que soporten el peso de tus heridas
y sigas andando hasta sangrar
todo el dolor.
Cuando dejes atrás la tristeza
que un día decidió compartir piso contigo.
Cuando cierres la puerta del pasado
con pestillo y este se canse de llamar.
El viaje empezará
el día que te mires al espejo y sonrías
aun con todos esos defectos
que te siguen sacando de quicio.
Cuando le digas «te quiero»
a esa chica de ese espejo
que sigue escondiéndose
si alguien la mira.

Cuando aceptes
que, a veces,
el único amor correspondido
es el que se tiene hacia uno mismo.
Y que nunca es tarde para hacerlo.

Como la lluvia

Hay personas que calan.
Que son esa lluvia
que empapa tus huesos.
Y cuando llegan,
al contrario del resto,
decides quedarte quieto
y dejar que te mojen.

Poesía

Te hablaba de musas
llamando a la puerta del insomnio
cada noche.
De versos que nacen por debajo de la piel y acarician
tus entrañas.
De recuerdos.
De nostalgia.
A veces la poesía
tiene nombre de persona.

Aunque tú, todavía, lo desconozcas.

Cuestión de piel

Será cuestión de piel
que tus manos y mi cuerpo
entren en contacto.

Nos queríamos

Llegó el estallido.
El final de la guerra.
El suspiro de felicidad.

Nos miramos a la cara
y los ojos hablaban por sí solos.
Nos queríamos de más
y eso ya era suficiente.

Amor verdadero

Sería un suicidio colgarme
del primer hilo que cuelgue de su ropa
y deslizarme hasta sus tobillos.
A veces la vida te encuentra desnuda buscando encajar
el calor de unos brazos con tu frío.
Y entonces te ves
rebuscando fragmentos de amor
hechos ceniza,
y tus días se convierten
en una suma de lamentos
cada vez que te miras las manos
y siguen vacías.
Puede que todo ese vacío
no lo llenen pieles de una sola noche.
Hay caricias tirita
que cubren heridas en algún momento, pero al final
terminan cayendo.
Y entonces te das cuenta de
que el daño sigue contigo.
Que el placer sacia pero no cura.
Que la sed perdura
si te empeñas en buscar agua
en un desierto.

Y quizás si dejas de buscar.
Si te dejas llevar,

la vida te sorprenda
un domingo cualquiera
con un ramo de besos a tu nombre.
Que, aunque tú no lo sepas,
en algún otro lado
hay alguien que espera como tú
esa sonrisa que parta en dos
sus esquemas.
Y cuando eso suceda
no habrá herida que duela
porque no hay parche que la cubra mejor

que el amor verdadero.

Mi cielo

Fueron tus labios lo más cerca
que he estado del cielo.

Quédate

Es tu nombre todas las razones que
justifican un
«quédate».

La flagilidad de la vida

Y que la vida es tan frágil
que en tan solo un instante
todo puede romperse
hasta hacerse añicos
imposibles de recomponer.

Latiendo

Y aquí sigo latiendo,
recordando que hubo un tiempo
en que despertamos el uno
al lado del otro.

Deteniendo el tiempo

Tus manos marcan el ritmo
del minutero aquí,
deshojando caricias en mi cuerpo
en pleno invierno.
Como quien no tiene miedo al frío.
Como el que busca calor en otra piel.
Ahí,
parando el tiempo en mi pecho.
Marcando a golpe de latido
el ruido de las manecillas
que giran en un único sentido.

El del amor.

TÚ

Tú, como punto brillante entre todas esas luces que difuminan la ciudad.
Como golpe de toda mi suerte.
Como grito de esta, nuestra revolución.

No abrazas.
Más bien,
das vida.

Nada más

La vida plantándole cara a las nubes.
Lo gris de esos días.
Los «te echo de menos».
Y aquí dentro no se cuela
ni un rayo de sol.
Duermo a mis miedos
a la vez que me pierdo
entre las sábanas frías.
Ya solo el recuerdo.
Mi cuerpo.
Y los restos de soledad.

Invisibles

Lo esencial es invisible a los ojos,
pero seguimos mirándonos por fuera.
Tal vez el reguero de luz nazca de dentro como un riachuelo fluyendo.
Puede que nos estemos perdiendo
un sinfín de caricias.
O la forma más simple y sincera
de algún que otro querer.
Puede que el deseo emane
del hueco que nos separa.
Que esa pequeña distancia aguarde
una fila de sentimientos
que van más allá de la piel.
Pocos se atreven a descubrir el paraíso que escondemos por dentro.
Muchos deciden si van a quererte
en una décima de segundo.
Te obligan a mirarte en todos los espejos.
A rebuscar entre tus complejos
algo que te haga sentir bien.
Lo esencial ya no es invisible a los ojos
en un mundo que gira en torno a lo físico,
y la física solo estudia la forma
que tiene nuestro cuerpo.

En un mundo que ya no mira.
Porque solo ve.

Frío

He abierto los ojos
y al no verte ha vuelto el miedo.
Solo tus manos encienden la luz
de mis sueños.
Y en mitad de la noche tu piel es mi abrigo.
He venido a decirte que el frío
ya no viene en invierno.
Viene sin ti.
He cerrado los ojos
y al abrirlos no estabas ahí.
Tu ausencia ha impregnado
todo de oscuro.

Y el frío sigue aquí.

Sabes a suerte

Por ejemplo, que la playa
tenga envidia de tu pelo
cuando ondea más fuerte
que cualquier bandera.
De cómo acarician el suelo
tus pies descalzos.
O cómo besa tu piel.
Porque eres dueña
de cualquiera de los silencios
que solo tú puedes romper.
Protagonista de cualquier guerra
en su cama.
De toda la paz que da luz a tu mirada.
Porque sabes a suerte.
Sonríes con todas las ganas.
Y de la leña apagada haces incendio.
Porque nadie se quiere quemar en verano y no saben
del calor de tu fuego en cualquier estación.

Somos ese silencio

Tú y yo estamos hechos de silencios
y cuando los rompes es tu risa acorde para cualquiera
de mis melodías.
Los rompes con cualquiera
de tus pestañeos y te llevas mis suspiros.
Los rompo al besarte.
Al coger tu mano.
Se rompe el silencio al mirarnos.
Y no necesito más
que ese cruce de sonrisas
haciendo ruido.
Siendo ese acorde.
Canción favorita.
Que no deja de repetirse una y otra vez.

Así como tú.

Libertad

La libertad del pájaro
que bate sus alas
como queriendo alcanzar el sol.
Luego tú y yo,
deslumbrados por sus rayos.
Abriendo todas las ventanas
que dan a la calle esperanza.
Batiendo también nuestros los labios.
En busca de esa,

nuestra libertad.

Temblando

Creo en ti. Eres. Me basta.
Ángel González

Podría hablar
de cómo acaricia la verdad
de unos labios.
De cómo escuece una mano
sobre la herida.
De cómo salva un abrazo
cuando la tristeza se encuentra
en su punto más álgido.
Podría dibujar la trazada de unas manos en una piel arrugada por los daños.
Sentir cómo roza una cicatriz.
Cómo pica cuando alguien
se ofrece a curarnos.
Podría contar hasta tres
y luego besarnos
o mover por impulso los labios.
Dejar que el dolor viva ahí,
entre tu inspiración y mi expiración.
Que dure lo que dura un suspiro.
Podría escribirte los versos
más tristes una noche de junio.
Pero aquí no tiritan azules los astros.
Lo único que me hace temblar
eres tú.

Poesía, tú y yo

La poesía tirita de frío.
Y las palabras se vuelven abrigo.
Las sílabas juntan sus labios
en busca de calor.
Las vocales juegan entre ellas
en la puerta de casa.
Anochece en una ciudad sujeta al silencio.
Bajo una luna que mira
con un hambre voraz de versos.
De esos que surgen en ese silencio.
En plena noche.
Entre recuerdos.
La poesía tirita de frío.
Y yo

te echo de menos.

Brillando

Algo así como que el sol
nos siga quemando lo suficiente
como para que no dejemos
jamás de brillar.

Cuando escuece de más

Y lo bien que les sienta a tus brazos en cruz la libertad.
O lo bien que le queda el sol a tu sonrisa.
Lo que rejuvenece un adiós a tiempo.
Porque cuando hay despedidas esperadas
ningún final puede ser triste.

Nadie sale con vida de una muerte cuando es
[anunciada.
Ni siquiera de la herida que causa
una gran decepción.

Deberías saber que si escuece,
no te lo mereces.
Que tal vez ese sea el primer signo
que ponga en alerta
a todos tus sentidos.

Sin ti pero conmigo

Se me cayó el miedo al suelo
y no pienso agacharme a recogerlo.
También el mito de lo que fuiste,
eres o hubieras sido,
en cualquiera de los pasados,
presentes o futuros
por perfectos que pareciesen.
Hoy la marea golpea fuerte
contra mi pecho.
Pero ya no me quita el aliento.
Tampoco tú.
Ahora es el viento el que mece
mis ganas en sus brazos.
La playa culpable
de traer el verano a mi piel.
El sol el responsable de que siga aquí.
Brillando.
Sin ti.

Recuerdos

Tratarán de convencernos
de que el invierno es una lucha
constante contra la tristeza.
Que la primavera vendrá cogida
a unas manos.
O que en verano todo se ve a color independientemente
de la perspectiva.
Se llevarán las sonrisas.
Incluso alguna que otra lágrima.
Nos pondrán cara a la oscuridad.
Nos cerrarán en la cara las puertas
que tienen la llave de la felicidad.
Nos harán miles de promesas
que acabarán rotas en una cuneta.
Podrán llevarse la prisa por dar un abrazo.
Las ganas de darle al contacto
a unos labios que buscan calor.
Podrán empujar desde el cielo tus sueños y cavar en el
suelo su tumba.

Pero lo que no podrán
robarnos jamás
serán los recuerdos.

Lunes

Que todos los lunes
vengan con cosquillas en sus manos.
Que saquen de su bolsillo
la lista de sonrisas
y empiecen a enumerar los motivos
por los que reír no esté de más.
Podemos seguir cantando bajo la ducha todas esas
canciones que ya suenan a verano.
Todavía guardo los poemas
en la punta de la lengua.
Aún podemos recitarnos
con los labios desgastados de besarnos.
Mi toque de queda lo marca un abrazo.
Podemos proceder a acariciarnos.
Y que todos los lunes
vengan cargados de ti.
Con la ilusión de que la moneda
caiga de cara al amor.
Y enfrente de mis ojos.
Porque al mirarnos
se entienden nuestras manos
que a tientas solo buscan una piel
donde sobrevivir.

S.O.S

Protocolo de seguridad;
Besar en caso de incendio.

Inertes

Muere un sentimiento
y nos convierte en materia inerte.
Inanimados.
Sin sentido.
Sin vida a la que aferrarse
caminamos mirando al suelo,
buscando esa piedra con la que tropezar.
Y es ahí cuando empieza el declive.
Cuando la ciudad entera llora
y se detiene el latido de todos los relojes.
Cuando las quimeras
convertidas en pesadillas
dejan que fluyan los recuerdos
por las venas.
Se escucha de fondo
el ladrido de un perro.
El aullido de un lobo
que apunta a la luna
esperando que algo devuelva la luz.
Los pájaros abren sus alas
en busca de libertad.
Los gatos maúllan al cielo
sobre los tejados,
adueñándose de todas las vidas
que otros dejaron.
Un día tienes un sueño
que promete ser indestructible.

Y otro, tu tristeza
le echa un pulso a la felicidad.
De las curvas que tiene la vida
o sales ileso y con la adrenalina
por las nubes,
o terminas esperando en el arcén
que alguien recoja los restos
de tus heridas.
Seguimos aquí.
Inertes.
Esperando esa transformación
que nos haga florecer.
Ese «algo» que nos devuelva
de nuevo a la vida.

La esperanza del «hoy»

No quiero sentir el aliento de la muerte
en mi nuca cuando
no nos queden más sueños.
Ni que me digan lo que siempre
he querido oír.
Quiero alguien que escuche.
Que apueste en mi piel sus caricias.
Que no tenga miedo a estrellarse
después de esa curva.
Alguien que me siga eligiendo.
Herida tras herida.
Pocos se atreven a llamar
a la puerta de un corazón roto
por miedo a cortarse.
No saben lo duro
de recomponer los cristales.
De devolverle a la vida su forma
cuando se reduce a un puñado de añicos.
Pero no saben de la recompensa
al juntarse las piezas.
De las huellas de esas heridas convertidas en peculiares
cicatrices.
De recorrer a pie la «autovida»
que nos lleva a increíbles lugares
que aún están por descubrir.
Mírate.

Perdiendo sonrisas por el camino
de los lamentos.
Acumulando sacos de ansiedad
en tu cocina.
Es basura todo aquello que no haga reír.
Acaso no ves
cómo el insomnio maquilla tus ojeras.
Cómo la tristeza dibuja arrugas en tu piel.
Cómo abriste las manos
dejando que se escaparan
todas las caricias
que todavía tenías pendientes.
Ojalá vivirnos al límite.
Con los pelos como escarpias
y la emoción a flor de la piel
que nos complemente.
Como si no existiese el mañana.

Como si el hoy fuera toda la esperanza que nos
mantiene en pie.

Mi mejor tropiezo

Y toda la luz que nos falta
entra por la ventana.
Y los rayos dibujan la silueta
de la nostalgia en la pared.
Buscamos darnos a la fuga
cuando la tristeza dibuja garabatos
en nuestra mirada.
Se hace el verano un domingo cualquiera
y lo verde de la hierba
llena todo de esperanza.
Se tambalea esa tristeza bajo tus pies como si fuese un
terremoto
de gran escala.
Ahora solo quedas tú.
Y como epicentro tu sonrisa.
Y tiras dardos a tus fantasmas,
apuntando al centro de esa diana
de recuerdos.
Ahora el olvido
es un folio en blanco de un viejo libro.
Si la tormenta no nos sigue la corriente, dejaremos que
sea la lluvia
la que le baile a nuestros pies.
Hoy vamos a juego
vistiéndonos de ilusión.

Me he topado esta vez
con las ganas de querernos.
Y creo que es el único tropiezo
del que no me arrepiento.

Tu propia paz

Romperse es uno de los mayores desastres naturales.
El derrumbe viene después,
al quedarnos sin luz y buscar a tientas
un resquicio de cariño.
El silencio es el eco
que retumba en tu cabeza
cuando nadie da con la palabra
que te hace sentir que sigues vivo.
Y luces la desgana en la oscuridad esperando que alguien te vea.
Una vez sobreviviste al huracán
sin la necesidad de pedir auxilio.
Tal vez encuentres la paz en ti mismo cuando dejes de buscarla en los demás.

A la deriva

Deja que te cuente un secreto.
Y es que tu risa
hace juego con mis cosquillas.
No hay sabanas frías
en noches en vela
si al girarme ocupas
el otro lado de mi vida.
Por si no te quedó claro,
te siento en mi lado izquierdo,
tan adentro, donde nadie hace pie.
Y sin embargo,
allí siempre
saldríamos a flote.

Tú y yo

Lo mejor de ti, es que puedo ser yo.

Propuestas

Los miedos los marca
la probabilidad de perder.
Corres el riesgo de ganar
si apuestas por ti al cien por cien.
Si das por cerrado el dolor.
Por apagada la tristeza.
Por expulsada a la pena.
Te propongo jornada de puertas abiertas
a la alegría.
De verdades colándose
por la rendija de la ventana.
De esperanza mirando al mar.
O a tus ojos firmando mi paz.
Propongo un aplauso a tu sonrisa.
Una pausa en tu cintura.
Un principio en tus manos
con final de caricias.
Podemos robarle al miedo la esperanza.
Removernos el alma con un abrazo.
Hacerle el amor a la vida.
Que floten nuestros cuerpos inquietos
desafiando al atardecer.
Que en tu cuerpo jamás sea invierno.

Te imagino haciéndote realidad

Te he imaginado desabrochándole los botones a la
tristeza.
Perdido en la geometría de mi cuerpo mientras le
dabas forma a un abrazo.
Te he visto haciendo equilibrismos en mis piernas.
Poniéndote el chaleco antimiedos
antes de salir de casa.
Me has mirado
con la sonrisa recién hecha
y unos ojos que apuntan con un arma
cargada de felicidad.
Has besado el dolor que seguía
tumbado en mi piel,
esperando coger algo de sol.
Tus manos me han presentado
al verano en forma de caricias suicidas
sobre mi vientre.
Te he imaginado haciendo piruetas
con la alegría.
Riendo el último y siempre mejor.
Te he recordado haciéndote realidad
mientras tarareabas nuestra canción preferida.
Y todas las flores nos miraban
esperando que floreciésemos.
Te he visto de espaldas
ansiando ese abrazo inesperado.

Ese beso en la nuca
que eriza la piel a la vez
que te suma una vida.
Nos he visto
uno enfrente del otro
desahuciando a las dudas.
Soportando la valentía
en nuestros hombros.
Y ahí, nuestros ojos
nos han dibujado
imperfectos,
voraces
y llenos de sueños.
Locos pero el uno por el otro.
Juntos pero libres.

Fuego

Puedes meter tus pasados
en una maleta con candado
y deshacerte de la llave.
Deberías multiplicar el presente
y perderte de la mano de la felicidad.
Y saber que la vida es un viaje sin retorno.
Y los recuerdos fotos viejas
que aún guardas en un cajón
y que siempre formarán parte
de ese álbum.
Que la nostalgia es un globo
que deberías soltar de tus manos.
Podrías probar a sonreír
más a menudo.
A desafiar con besos
a la rutina que marca los días
en tu calendario.
A veces todo suena desolador
y es por cómo lo estamos mirando.
Deberías saber que si te hace reír,
todavía queda esperanza.
Que aún existe el amor
cuando apenas quedan las brasas.
Que tú y yo podemos ser esas llamas.
Y si hablamos de tu incendio,
estoy dispuesta a poner la mano
en el fuego, aunque me acabe quemando.

Malas costumbres

Tenemos la costumbre
de medir el amor en te quieros.
De contar los fracasos y venirnos abajo cuando nos faltan dedos.
De sumar decepciones, restar sonrisas, igualarnos con el que está sentado a nuestro lado y sentirnos en condición de inferioridad.
Tenemos la manía de escondernos detrás del silencio en vez de buscar luz en las palabras.
Seguimos apuntando en la lista de la compra cuánta nostalgia nos falta para llegar a fin de mes.
Y no salen las cuentas, si las veces que te pienso son más que las que tú llevas apuntadas en tu agenda.
Sería mejor desmedir el amor.
Desordenar todo lo políticamente correcto.
Dejar de sumar cicatrices y de restar intentos.
Que el calendario sea el que nos sorprenda con sus días.
Que los relojes dejen de cargarse todo el tiempo que nos queda.
Que nos queramos poco.
Deprisa.
Y con mala letra.
Pero sincero.

A todos nos llueve por dentro alguna vez.
Y nadie cuenta lo que refresca mojarse de vez en cuando.

Mapas

Tengo en mi memoria tus pupilas.
Acaricio los recuerdos con mis manos
y el presente se cuela
por las rendijas de esta casa.
Sonrío casi por inercia
cuando encuentro
un atisbo de esperanza
en tu mirada.
Me miras y se para el miedo.
Y tus ojos son luceros alumbrando.
Me revuelvo entre las sábanas
y se entrecruzan nuestros pies.
Me acerco a ti y puedo sentir tu respiración en mis pulmones.
Exhalas vida.
Esta casa se ha vuelto
ese mapa perfecto
donde perdernos.

Me sabe a poco

A veces la vida es como una rotonda
en hora punta.
Unos cuantos poemas llenos de tristeza.
Y demasiados insomnios.
Nos pesa cuando mira desde la cornisa
mientras el aire entra de puntillas
llevándoselo todo.
Nos están apuntando a todas horas.
Somos el punto de mira.
La diana.
Estamos aquí, haciendo equilibrismos
con el miedo.
Pero te pienso y el verbo sonreír
se conjuga en todos los tiempos.
Y ahora es la suerte la que me apunta
en la sien hasta estremecerme.
Las horas chocan contra el reloj
y las manecillas marcan el ritmo
de cada latido.
Ahora la vida soy yo.
Saliendo de esa rotonda
donde gira en bucle la tristeza.
Y todos mis poemas empiezan
con tu nombre y acaban
con nosotros como pronombre.
Ahora nos miro con la ilusión

en los ojos de ese niño
que abre un regalo.
Y esa vida me sabe a poco.
Cuando un «te quiero»
suena a demasiado
y aun así, a mí,
me sigue pareciendo insuficiente.

Ocho veranos

Ven, salgamos fuera.
Todavía nos queda mucho atardecer.
Karmelo Iribarren

Su columna vertebral era mi paso de peatones.
Siempre era verano en su piel,
donde todos sus semáforos
se me ponían en verde. Cruzarlo era pasear mirando
los mejores escaparates.
Se me ocurre pensar que siempre fue ciudad en la que
perderme.
Soy capaz de recordar su sonrisa columpiándose en el
parque.
Sus ojos abrazando a la felicidad.
Aprendimos a reír sin manual de instrucciones y la
tristeza solo era una piedra de más en el camino.
Aun así nunca perdíamos el equilibrio.
Sus piernas eran el vértigo más adictivo.
Fuimos estrellas fugaces
que se hacían brillar una a la otra.
Dos lenguas sin consuelo.
Dos cuerpos celestes
impregnados de suerte.
Un día se toparon de frente
nuestras pieles.
Sudaban vida.

Sumaban heridas,
pero al juntarse restaban dolor.
Y fue en ese momento.
El choque de dos cuerpos
inertes, perdidos,
de donde nacieron
los mejores adjetivos.
Allí donde el impacto creció el amor.
Sus pieles ya suman ocho veranos
y recorrerlo sigue siendo
la mejor manera de perderse.

Hoy

Hoy se ha colado la felicidad
por mi ventana y me gusta sentirla
en la cara mientras despeina
mi flequillo.
El verano me queda a medida.
Y todas las canciones
suenan a ti.
La sonrisa se me dibuja
con permanente cada vez
que tarareo tu nombre.
El amor es una especie
de garabato en mi piel.
Resulta que te miro caminar
y tu espalda me parece
el fondo más bonito de pantalla.
El café de la mañana
huele a abrazo inesperado.
Son tus manos mi casa
y tus caricias la cama donde descansar.
Repostar en tus labios
es parar la vida en una cuneta
y que esos minutos se conviertan
en los mejores.
Hoy tengo ganas
de leer en tus ojos todos mis futuros.
He querido ser parte de ese viento

para que me respires tan adentro
que nunca te olvides de mí.
Saltarme la línea continua
de tu sonrisa y besarte los miedos.
Hoy he querido saber más de ti
que del invierno que se cuela
en esta casa.
Que tus sueños
formen parte de los míos.
Y saber de tu vida
con la mía,
escribiendo poesía sin cesar.
El vaho en el cristal
dibuja tu silueta.
Saberte cerca es la mejor excusa,
el motivo más acertado
por el que quererte.
Y tenerte, la suerte que se coló
por esa ventana
sin necesidad de buscarla.

Apunta bien

Apunta al sol.
El cielo está aclamando tu sonrisa.

Nadie sabe qué hay denro de ti

Si no entienden del dolor.
Del silencio.
De cómo marchita la primavera.
No entienden de desvelos.
Del insomnio al otro lado de la cama.
De madrugadas disfrazadas de soledad.
Qué sabrán del verano
si ella mira con ojos de invierno.
Si sonríe a tientas.
Si busca una mano a la que sujetar.
No saben del frío aquí dentro.
De cómo eriza la piel el miedo.
De cómo es capaz de hundirse
un sentimiento.
De esperar a la deriva que el agua
te llegue hasta el cuello.
De recibir al naufragio
con los brazos abiertos.

Ahora que te tengo

No sé dónde te habías metido.
Ahora que estás aquí
prometo empujar lejos de ti
a la soledad.
Quebrantar cualquier ley
que nos aleje.
Ser de ti.
Ser una misma piel.

Posdata:

te hiero.

Bukowski

He aguantado el dolor
cuando ardía en la piel.
Me he desgarrado el alma
describiendo la forma
que tiene una herida.
Me he roto frente a un papel
que, lejos de ser insignificante,
le ha dado a todo un sentido.
He escrito una vida con mis dedos
mientras te imaginaba.
Se ha hecho pedazos el cielo.
Se ha roto un abrazo.
Se le murió la ilusión a un niño.
Ha nacido el silencio
en mitad de una habitación.
Y con los ojos enmudecidos
y el nudo en la garganta
he escrito mi verdad.
La poesía no solo me salva.
También a ti.
Como decía Bukowski:
«Escribir sobre las cosas me ha permitido soportarlas».

Contigo aquí

Nos habíamos encontrado gracias a las marcas que fueron dejando nuestras heridas.
Crecimos de la mano de cicatrices que poco a poco iban curando.
Hoy estamos aquí.
Y el pasado es un tiempo conjugado por los recuerdos.
Las heridas respecto a lo que fuimos.
Lo que somos, el resultado
de cada tropiezo.
Mi casa la forma tu abrazo
y comprendo que si te llamo hogar,
es porque en ti me siento a salvo.
Si he venido es para quedarme.
Saberme contigo es lo único
que puede sanarme.

¿Y TÚ? ¿HAS VIVIDO LO SUFICIENTE?

Cuál es la distancia que separa
al miedo de una caricia.
Por qué hay centímetros que nos alejan de un abrazo.
¿Cómo afecta el frío que deja una ausencia en pleno mes de verano?
Cuáles son los límites
que delimita el amor.
Cuántas caídas hacen falta
para querernos.
¿Qué sentido tiene el adiós
cuando a ninguno de los dos
os gustan las despedidas?
Qué fue del calor de esos brazos.
De la magia al mirar unos ojos
que no necesitaban de trucos
para conquistar.
¿Del silencio agradable
cuando se vuelve incómodo?
Cuando pasamos a ser
un conjunto de partículas esparcidas entre el tiempo y el espacio
que nos separa.
Cuando somos átomos dispersos
en un universo cuya talla
nos viene grande.

¿Cuándo nos transformamos
en pequeñas motas de polvo
que apenas se ven?

Qué pasaría si alguien soplase.
Si un golpe de viento nos pasase
por encima.
¿Si la lluvia nos acabase arrastrando
calle abajo?

¿Habremos vivido lo suficiente?

Vivirnos

Érase una vez…
Y todas las veces que tú quieras.
J. Diem

Hace tiempo que no cuento decepciones.
Desde que le hago el amor a tu risa.
O me pierdo entre las comisuras
que pliegan tu corazón.
Hace tiempo que la tristeza se quedó huérfana
y ahora vaga en otros cuerpos, quizás.
Que desde que mi piel y tus manos
hacen juego ya no sé lo que es perder una apuesta.
Pero sí lo que es apostar todo a las caricias que escondes entre tus dedos.
Hace tiempo que sumo verdades
y multiplico sueños.
Y el resultado no puede ser más favorecedor.
Hace tiempo que veo en tus ojos
como pasa mi vida.
Como maquillas con luz mis pupilas.
Como todas mis ilusiones
comen de la palma de tu mano.
Solo al mirarnos se para el tiempo.
Si me dan a elegir si contarlo,
diré que prefiero vivirlo.

Preferimos vivirnos.

Llegará el día

Algún día vencerá el amor.
Ganarán los buenos.
Las sonrisas le echarán un pulso al miedo.
Y podrán con él.
Una mañana abriremos la ventana
y la esperanza nos cegará.
Las calles florecerán
y la alegría crecerá en las esquinas.
Soplaremos dientes de león
y se nos cumplirán todos los deseos.
¿Puedes verla?
Es la felicidad llamando
a nuestras puertas.
Golpeándonos en el pecho
con cada latido.
Mirándonos sin apenas pestañear.
Algún día nos quitaremos
las corazas.
Vaciaremos por el balcón
la maleta con todos esos miedos.
Y le daremos la mano al amor.

Para que estemos aquí

Y resulta que el miedo se ha ido.
He aprendido a sortear mis fracasos.
Y el camino parece menos largo.
He crecido cuidando mi fragilidad.
Mis pies han pisado hojas secas hasta llegar el invierno.
Les han cortado a mis labios
demasiadas sonrisas.
Pero sigo sonriendo.
He buscado respuestas en preguntas
que ni yo misma entiendo.
¿Y para qué?
Para estar hoy aquí decantándome entre tu risa y la felicidad.
Deberías saber que son tus caricias fuente de inspiración.
Que cada vez que me miras se enciende una estrella a mi lado.
Que en tus brazos siempre es verano aunque venga tormenta.
Que tú no mereces la pena porque vales todas mis alegrías.
Porque meces la tristeza hasta quedarse dormida.
Que el sentido no lo marca el ridículo,
sino que es el que tú nos das.
Somos dos armas cargadas
a punto de dispararse.
Podemos saltar por los aires.

Podría pero no quiero

Podría sobrevivir a la ausencia de tus ojos.
Al tacto de tu piel.
Podría hacerlo.
Pero por ahora prefiero seguir así.
Aquí.
Contemplando constelaciones en tus pupilas.
Meciendo en tus brazos a todos mis miedos.
Hasta dormir a mis monstruos sobre tu pecho.

Disimulando

Me dejaría apuntar por la bala
si eres tú el que disparas.
Más nos vale caricias en mano que todas las dudas volando a nuestro alrededor.
He pensado que si vas a apostarte un abrazo lo cumplas.
Que si vas a ganarme, no me vuelvas a soltar destensando la cuerda.
Que tengo a los miedos en marcha y solo tengo que acelerar para acabar con ellos.

Dime si piensas en mí cada vez que sonríes.
Si son tus cicatrices mi próxima parada.
Las heridas nos las podemos olvidar en casa.
Solo tenemos que simular que aquí el dolor ha pasado de largo.

Aquel verano

Abrazas como me abraza la playa cualquier día de
[invierno.
Escueces como el mar.
Pero curas como su sal cada herida.
Te llevas en los bolsillos mis dudas.
Y el miedo.
Eres capaz de crear un desastre con solo mirarme y convertir cada desperfecto en perfección.
Y eso que dicen que no existe.
¿Sabes?
Das vida con solo verte caminar cuando a cada paso dejas la estela de todas tus sonrisas.
Y en lo oscuro de los días sacas a bailar a la tristeza para que sepa lo feliz que puede hacerte que alguien coja tu mano.
Dicen que el tiempo pone a cada uno en su lugar, y si tú y yo nos estamos mirando, es que ya nos puso donde teníamos que estar.

No dejo de pensar que cada vuelco que siento por dentro es el efecto de tus manos.
Y que la causa más buena por la que seguir sigue siendo la risa de aquel verano.

Agosto se acaba

Agosto suena a caricia en la piel.
A infancia en el parque.
Los rayos de sol impregnan
todo de alegría.
Mientras tú y yo nos tiramos de cabeza a la piscina de la felicidad.
En el columpio se mece tu risa y no dejas de
[imaginarnos.
Ambos bailando con el verano apurando los últimos días.
Nos damos la mano haciendo frente a las nubes que interrumpen lo cálido de nuestras sonrisas.
Agosto suena a atardeceres de mar viendo las olas golpear contra la tristeza.
Y que en la orilla recibamos al otoño y las hojas se pongan a nuestros pies.
Ahí donde las noches se vuelvan más largas y frías y los besos sepan a abrigo donde resguardarse.
Quedarse allí, en primera línea de tu sonrisa.
Contemplar cómo ese mar arrasa con todos los castillos que dibujamos en la arena imaginando que eran de verdad.
Quedarnos allí, una noche cualquiera de agosto y entre estrella y estrella fugaz querernos hasta que llegue el otoño.

Recordándote

La verdad es que sin ti
la poesía es solo
un conjunto de letras sin sentido.
Las palabras se desordenan entre sí.
Los folios son hojas en blanco
que solo se manchan con tu recuerdo.
Sin ti el tiempo
pone el freno de mano al olvido.
Los pájaros dejan de cantarles
a las mañanas.
Y la soledad ya no es cosa de dos.
La casa se ha vuelto fría.
Los rincones se llenan de vida marchita.
Y la felicidad ha dejado de sonreír.
Sin ti el invierno congela los sueños.
Y las hojas mueren a mis pies.
Has pasado a ser
una sombra a lo lejos
que se hace pequeña.
Hasta desaparecer.
Mis sentidos juegan a adivinarte,
postrados en tu hueco del sillón.
Dueles.
Porque eras el último aliento
al que recurrir cuando
se cerraban mis pulmones.

Si estuvieras aquí,
te abrazaría fuerte
para no tener que echarte de menos.
El tiempo no cura
si no estás conmigo.
Hoy dueles.
Y la poesía también.

Invencible

Miro de frente al amor y veo a la poesía abriéndome los brazos.
Se escribe una historia de dos y el corazón se dibuja en un papel junto a una sonrisa.
Tú y yo estamos hechos de la vida que nos queda por vivirnos.
Cuando te giras y muero en tu espalda cada noche.
Te miro y tus ojos son mar donde siempre hago pie.
Y naufragas entre la risa y las caricias que traen la calma.
Siempre te encuentro desenredando mis miedos con paciencia.
Y con la ternura de cada caricia al doblar las esquinas de mi piel.
Siempre te elegiría dos veces porque quererte una sola me parece insuficiente.
Miro de frente al amor y puedo verte.
Me siento invencible si puedo tenerte conmigo.

Vamos a querernos bien

Quien bien te quiere, te dejará vivir.

Amanecerte

A veces un adiós es solo una excusa
para vernos de nuevo.
No siempre el invierno trae consigo el frío.
Si vienes a hacerme de abrigo con un abrazo entre los
[dedos.
No sé cuántos te quieros llevamos de más, pero el amor
se me subió a la cabeza.
El hilo rojo aquí une tu vida a la mía con una sonrisa.
Despertar a tu lado es abrazar al verano cada mañana.
Porque mirarte a los ojos es ver a mis sueños cumplidos
sin la necesidad de dormir.
He huido de pieles destinadas a la herida.
De futuros inciertos cuando el amor se escurría de
entre los dedos.
Ahora navego a la deriva de los besos que dejas como si
fuesen migas de pan para que te encuentre.
Llegar a ti es abrir una de esas puertas que esconden
detrás el regalo más grande.
Chocarme de frente con la felicidad.
Ver cómo se aleja el precipicio.
Ya solo quiero amanecerte.
Hacerle frente a la tristeza de tu mano.
Desabrocharle al miedo los botones que le impiden
respirar.
Ser de ti.
De tus ojos.

De tu piel unida a la mía hasta
que moleste.
Mirarte y saberte aquí mientras la vida gira y nuestros
labios se abrazan y paran el mundo.

Ojalá

Ojalá el cielo dejase de llorar.
Y nos calase en los huesos la felicidad mientras
intercambiamos sonrisas.
Que seas tú refugio en mitad de mi tormenta.
Que la lluvia deje regueros de luz
una vez pase.
Que pisemos los charcos cogidos
de la mano adelantando a la vida.
Que seamos el remedio a cualquier tempestad.
Pero sobre todo que no olvidemos el paraguas en casa
si truena tristeza.
Que el viento no se lleve con él la ilusión.
Ni tampoco los recuerdos.
Que seamos tú y yo lo contrario
al invierno.
La esperanza.
La cara buena del amor.

Mi paz

Le he dado la espalda a mis miedos.
Le he contado al mar mis secretos.
Le he dicho que soy del viento.
De la libertad que da un abrazo
aunque oprima.
De la verdad del silencio.
Me he topado con la vida de cara.
He sacado la entereza que guardaba
en mis bolsillos y me va mucho mejor.
Ahora dime si tú también formas
parte del viento.
Si en cada intento te dejaste la piel.
Si apostarías todo al rojo de mis besos.
Que sepas que dejaré entreabierta la puerta para que entre tu sonrisa sin llamar.
Que he colgado del techo el hilo de la ansiedad y solo hay que cortarlo para que desaparezca.
Que he envuelto de regalo la ilusión para que juntos la descubramos como un niño.
Te miro y puedo vernos
envueltos en futuro.
Y es que jamás hubo tanta paz
como en tus ojos.

El amor ha muerto

De la soledad que deja
una despedida.
De la angustia de la espera.
De no llegar al último beso.
Y cómo escuece el amor
cuando se conjuga
en otros tiempos.
Cómo duele un «quizás».
O el «y si» si ya
no podemos hacerlo.
A veces llega el invierno
en pleno agosto
y los besos se vuelven de hielo.
El espejo no es más
que el reflejo de la tristeza.
Y la nostalgia otra herida más.
Cuando hay barra libre
de miedos.
O jornada de puertas
abiertas a la melancolía.
Entonces el amor
yace desnudo en la cama.
Esperando una bocanada de luz
que consiga hacerlo brillar.

Si tú

Si tu sonrisa es la curva
más arriesgada
pero la que esconde
las mejores vistas.
Si es tu risa el motor de mi vida.
Y tus piernas siempre
están a la altura.
Si cerrar heridas se ha convertido
en tu mejor asignatura.
Si en mi pecho galopan
una manada de caballos al verte.
El mundo se calla
si ve pasar a tu sonrisa.
Allá donde pisas
llenas las calles de felicidad.
No hay herida
que se te resista,
lo tuyo es salvarme la vida
cada vez que me miras.
Conocerte fue resurgir
del incendio sin que quedasen
ni las cenizas.
Es tu ausencia soledad
que duele.
Pero siempre vuelves.
Pero siempre te espero.

No te vayas nunca

Hoy me has mirado
y se me ha llenado
la boca de besos.
He fingido un silencio
mientras se escribía
en mi cabeza toda la poesía.
Le he llevado al miedo
la contraria y he dejado
mis ojos enfrente de ti.
Yo era una herida abierta
en mitad del mar.
Tú la calma que deja la tormenta.
No sé si regalarte un futuro
envuelto en caricias al despertar.
Desnudar la tristeza
y vestirla de felicidad.
He aprendido a nadar
contra la corriente,
y de tu mano ya no hay
quien me pare.
Cómo te explico
que has venido a salvarme.
Que sin ti llora en mi hombro
el invierno.
Y yo también.

Amaneceres

Dime cuántos amaneceres suman desde que le diste la espalda a los sueños. Cuántos parpadeos te separan de la vida.

Índice

El libro terminó de imprimirse 23 puntos de sutura antes de que cicatrizara la herida.